ライト版

中国語でコミュニケーション

沈　国威　監修

氷野　善寛
小嶋美由紀
海　暁芳
紅粉　芳恵
阿部慎太郎　著

朝日出版社

音声ダウンロード

音声再生アプリ「リスニング・トレーナー」(無料)

朝日出版社開発のアプリ、「リスニング・トレーナー（リストレ）」を使えば、教科書の音声をスマホ、タブレットに簡単にダウンロードできます。どうぞご活用ください。

まずは「リストレ」アプリをダウンロード

› App Storeはこちら

› Google Playはこちら

アプリ【リスニング・トレーナー】の使い方

❶ アプリを開き、「**コンテンツを追加**」をタップ

❷ QRコードをカメラで読み込む

❸ QRコードが読み取れない場合は、画面上部に **45355** を入力し「Done」をタップします

QRコードは㈱デンソーウェーブの登録商標です

Webサポートサイト

https://www.ch-station.org/chntext-light/

まえがき

本書は初めて中国語を学ぶ学生を対象とした入門教科書『中国語でコミュニケーション』(2019年、朝日出版社)の構成を一部変更し、簡略化したものである。各課にスマホやPCで閲覧できる拡張教材を配置したまま、自習用のコンテンツを更に充実させている。本書の最大の特徴は、学習者が事前に単語や文法の知識を得て、授業では会話練習を通じて運用能力を高めるといった授業形態に対応できるよう、補助教材(WEBコンテンツ、チャレンジ問題)が豊富に用意されている点であろう。また、授業後の復習に活用できるよう、リスニング教材も提供している。

中国語は、中国大陸、香港、マカオ、台湾、シンガポール、マレーシアなど中国語を公用語とする国や地域はもちろんのこと、ヨーロッパやアメリカなどのチャイナタウンでも中国語が通じる場所が多く、地域によってヴァリエーションがあるものの、標準語である“普通话”を身につければ、多くの人とコミュニケーションができることは間違いない。

言葉を学ぶということは単に文字、単語、文法を覚えるだけでなく、その言葉を使う人々の文化的背景や考え方、生活様式なども含めて知ることである。本書を通じて、また担当される先生を通じて中国や中国語の魅力を体感してもらえればと思う。

最後に本書をお使いの先生、学生の皆さんから忌憚のないご意見を頂き、今後のバージョンアップやサポートサイトの拡充を進めていくことができれば、著者一同にとってこれ以上の励ましはない。

著者一同

本書の使い方

1-2ページ目

❸新出単語…会話文、文法ポイントに出ている単語一覧です。

❶到達目標…この課の終了時に、中国語で言えるようになりたい目標を提示しています。

❷ +α プラスアルファ…会話文にでてきた語や表現について、補足説明しています。

3-4ページ目

❹文法ポイント…この課で学ぶ文法ポイントについて解説しています。全ての例文は対話形式になっており、自然な会話の中でどのように使われるかを学びます。「反転学習」スタイルが指定されているクラスでは、スマホをQRコードにかざして「読んで覚える文法ポイント」を表示させて予習をしておきましょう。PCで閲覧することもできます。

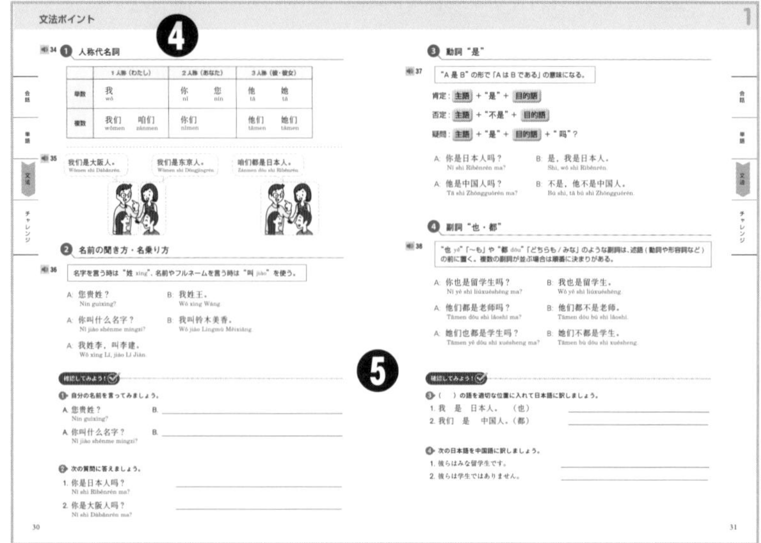

❺確認してみよう！…文法ポイントで学んだことが理解できているかを確認しましょう。「反転学習」スタイルが指定されているクラスは、ここまで予習をしてから授業に臨みましょう。

5-6ページ目

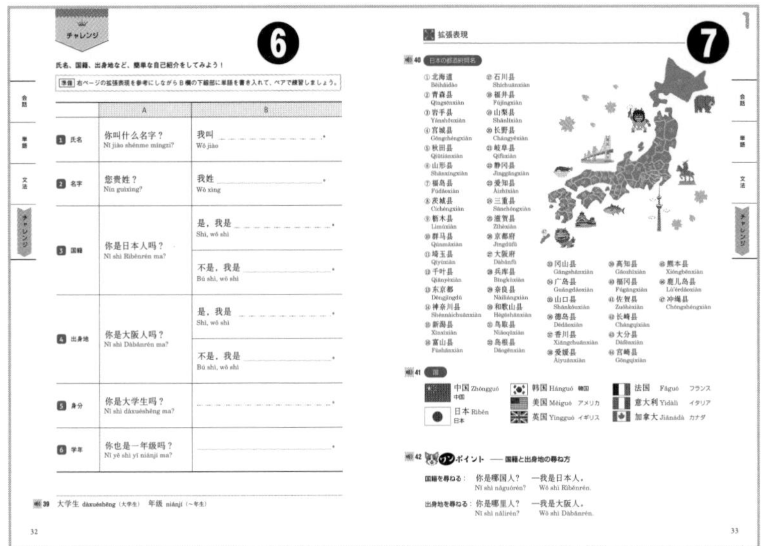

❼**拡張表現**…チャレンジの会話内容をさらに充実させるための単語や表現の一覧です。新出単語だけではカバーできない中国語表現をここで身につけましょう。

※ここに掲載している単語は新出単語には入っていませんので巻末の索引で調べましょう。

❻**チャレンジ**…ペアで会話練習をします。以下のように Step by Step で会話力を高めていきましょう。

[STEP1]　ペアになって、それぞれが１～６を順番に練習し、終わったらA、B交代する。
[STEP2]　AはBに１～６をランダムに質問し、BはAの質問に答える。
[STEP3]　１問ずつ交代に質問したり、どちらか一方が１分間質問を出し続ける。
[STEP4]　繰り返し練習し、慣れたところで、Bは教科書を見ずに答える。

目次

中国語の基本・発音編 9

本編 27

コラム

拡張表現

中国語の基本・発音編

中国ってどんな国？

Q1 ▸▸ 首都は？

Q2 ▸▸ 国旗を描いてみてください。

Q3 ▸▸ 中国の人口は？

Q4 ▸▸ 建国はいつ？

Q5 ▸▸ 通貨の単位は？

答えは次のページで探してみてください。

はじめに

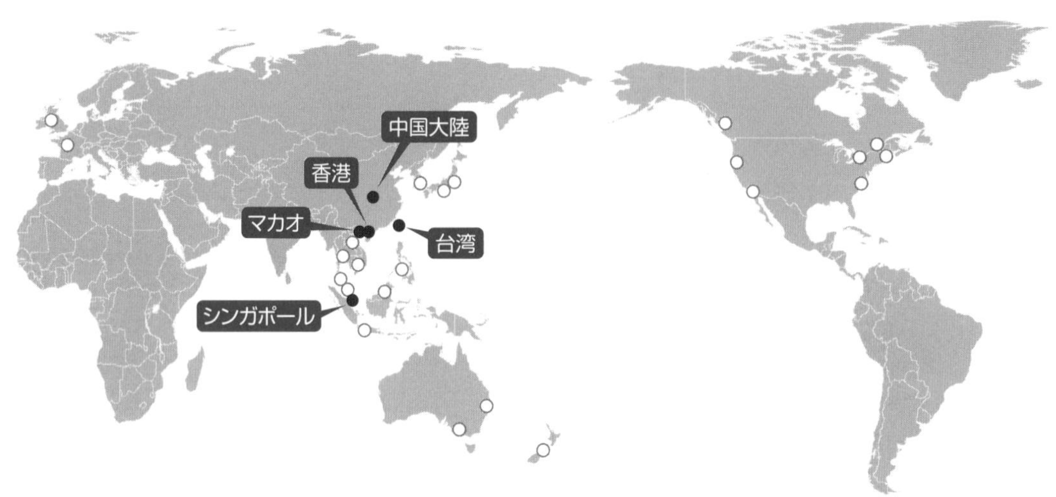

私たちがこれから学ぶ「中国語」は、どこで誰によって話される言語かと問われたら、おそらく多くの人は「中国で中国人によって話される言語」と答えるでしょう。しかし、その答えは厳密には正しくありません。中国は全人口のおよそ9割を占める漢族と55もの少数民族を有する多民族国家です。少数民族には、モンゴル語、チベット語、朝鮮語、納西語など独自の言語があり、中国では実に様々な言語が用いられています。

漢族が使用する言語のことを、"汉语 Hànyǔ"(漢語)といいます。"汉语"には北京方言、上海方言、広東方言など数多くの方言があり、ドイツ語とフランス語ほど異なるものであると言われています。そこで、北京や北方地域で話されている方言をもとに、全ての地域で普く通じる標準語として作られたのが"普通话 pǔtōnghuà"で、これが本書で学ぶ中国語です。つまり、我々は中国で話されている数多くの言語や方言の中で、標準語のみを学ぶということになります。"普通话"は地域や民族、年齢を問わず中国全土で普及しており、香港、マカオ、台湾、シンガポールなど世界各地でも、中国にルーツを持つ人々に話されています。これら中国大陸以外の地域では、"国語 guóyǔ"または"华语 Huáyǔ"(華語)とよばれ、大陸で話されているものと音声、語彙、文法面で多少の違いはありますが、意思疎通に問題はありません。

ガイダンス

1 中国ってどんな国？

正式名称は？	—中華人民共和国 中华人民共和国 Zhōnghuá Rénmín Gònghéguó
人口は？	—14 億人
首都は？	—北京。
国旗は？	—「五星紅旗」といって、公募で決まったデザインらしいよ。作者は“曾联松 Zēng Liánsōng”だよ。
民族構成は？	—漢族と 55 の少数民族が住んでいるんだって。漢族が一番多くて 94% 位を占めるらしいよ。
成立したのは？	—1949 年 10 月 1 日。だからこの日は建国記念日（国慶節）でお休みになるんだ。ほら、この時期、中国から日本に来る旅行者が多いでしょ？
通貨は？	—人民元という通貨を使ってるよ。「元」って言えば分かるかな？

2 日本と中国の漢字はどう違う？

「コミュニケーションに漢字はいらない！」いえいえ、そんなことはありません。筆談、レストランでメニューを見るなど、そんな時には漢字が理解できないといけません。ここでは少し詳しく漢字を見てみましょう。

中国では従来の漢字より簡略化された“简体字 jiǎntǐzì”（簡体字）が用いられており、現在シンガポールやマレーシアでも採用されています。一方、香港、マカオ、台湾では、従来のままの形の漢字“繁体字 fántǐzì”（繁体字）が使用されています。日本では1946年に当用漢字に関する法令が出され、漢字の形が一部簡略化されました。そのため、現在漢字は、簡体字、繁体字そして日本で用いられている漢字の3種類存在します。

簡体字	繁体字	日本の漢字
广	廣	広
中　文　人	中　文　人	中　文　人
国　却　体	國　卻　體	国　却　体
书　种　车	書　種　車	書　種　車
步　包　黑	步　包　黑	歩　包　黒
边　气　写	邊　氣　寫	辺　気　写
她　它　哪	她　它　哪	なし
妈　脸　么	媽　臉　麼	なし
なし	なし	辻　嶋　峠

3 単語で見てみよう

日本語と同形同義のものもあれば、同じ漢字なのに全く意味が違う同形異義のものもあります。以下で具体的に見てみましょう。

1 比べてみよう① —日本語と漢字も意味もだいたい同じもの（同形同義）

1. 中国 Zhōngguó
2. 法律 fǎlǜ
3. 取消 qǔxiāo
4. 历史（歴） lìshǐ
5. 文化（化） wénhuà
6. 经济（経済） jīngjì

2 比べてみよう② —日本語と漢字の形は同じだが意味が異なるもの（同形異義）

1. 手纸 shǒuzhǐ
2. 老婆 lǎopo
3. 爱人 àiren
4. 告诉 gàosu
5. 颜色 yánsè
6. 工作 gōngzuò

3 比べてみよう③ —日本語とは漢字も意味も異なるもの

1. 雅虎 Yǎhǔ
2. 咖啡 kāfēi
3. 迪士尼 Díshìní
4. 星巴克 Xīngbākè
5. 手机（機） shǒujī
6. 电脑（電脳） diànnǎo

発音 1

1 声調

中国語には声調(せいちょう)と呼ばれる音の高低や上げ下げの調子が四種類あり“四声(しせい)”と呼ばれます。調子の違いにより、第1声、第2声、第3声、第4声という名前がついています。ピンインは、主母音の上に第1声“ˉ”、第2声“ˊ”、第3声“ˇ”、第4声“ˋ”という声調符号をつけて区別します。

4
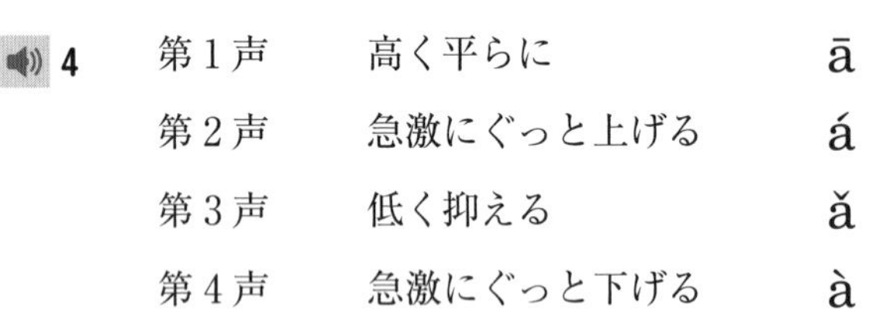

第1声	高く平らに	ā
第2声	急激にぐっと上げる	á
第3声	低く抑える	ǎ
第4声	急激にぐっと下げる	à

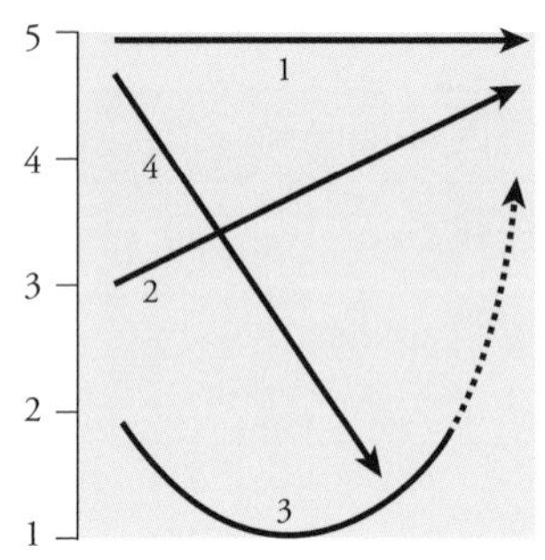

5 2 軽声

軽声は前の音節によって高さが変わります。

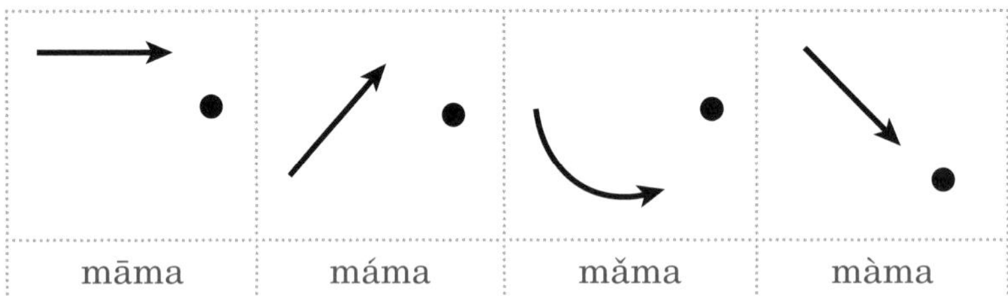

māma	máma	mǎma	màma

3 単母音

6

a　口を大きく開けて「アー」と発音する。

o　日本語の「オ」より唇を丸めて突き出して発音する。

e　口の両端をややひき、上下の歯の間に指一本分ぐらいの隙間をあけ、「オ」と発音する。

i　口を左右にひいて「イー」と発音する。

u　日本語の「ウ」よりも唇を丸めて突き出して発音する。

ü　「u」の唇の形で「イ」を発音する。口笛を吹く口の構えで発音する。
ü は「u ウムラウト」と言う。

そり舌母音

er　「アー」と発すると同時に舌先をそり上げる。

ピンインルール①

i、u、ü は前に子音がつかないときはそれぞれ次のように表記します。

i → yi　　u → wu　　ü → yu

7 ［1］ 発音されたほうに○をつけましょう。

1. ā —— á
2. ó —— ō
3. ē —— é
4. yǐ —— yì
5. yū —— yù
6. wǔ —— wù
7. ē —— wū
8. ō —— wū

8 ［2］ 発音を聞いて、声調符号を書きましょう。

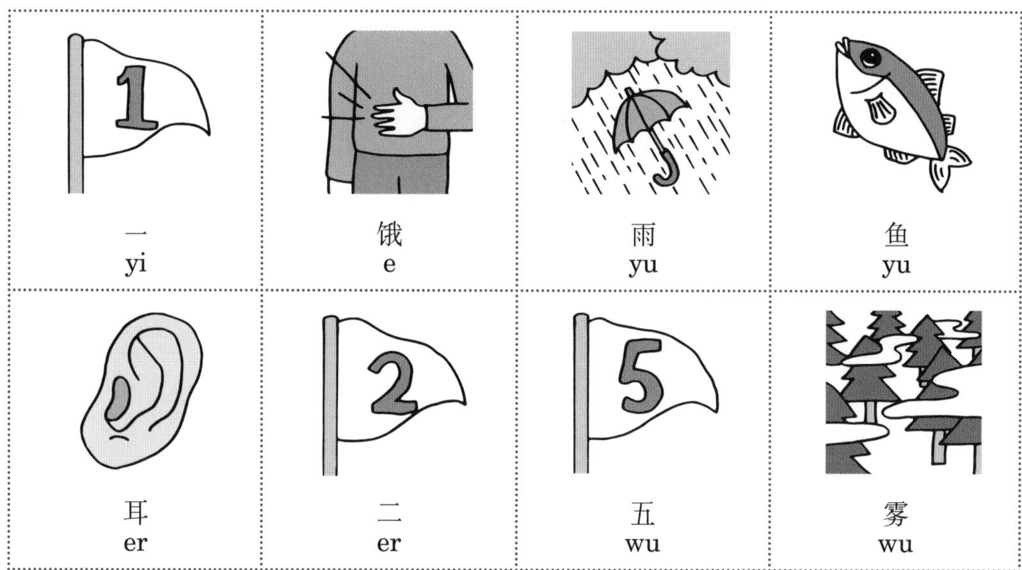

9 ［3］ 発音を聞いてピンインを書きましょう。

1. [ ] 2. [ ] 3. [ ]

4. [ ] 5. [ ] 6. [ ]

10 4 子音

	無気音	有気音	鼻音	摩擦音	有声音
両唇音	b(o)	p(o)	m(o)		
唇歯音				f(o)	
舌尖音	d(e)	t(e)	n(e)		l(e)
舌根音	g(e)	k(e)		h(e)	
舌面音	j(i)	q(i)		x(i)	
そり舌音	zh(i)	ch(i)		sh(i)	r(i)
舌歯音	z(i)	c(i)		s(i)	

※子音だけでは発音できないので、(　)内の母音をつけて練習します。

音節表を見る

11 発音ポイント

無気音と有気音

無気音：イキをそっと出しながら発音する

有気音：イキを強く出しながら発音する

f と h

f：下唇に軽く上の前歯を当てる。

h：両唇は触れず、喉の奥から。日本語の「は、ひ、へ、ほ」の音に近い。

そり舌音　zh(i)　ch(i)　sh(i)　r(i)

舌先を上あごの歯茎より少し奥の盛り上がったところに当てる。この構えで「チ」で zhi、イキを強く出すと chi、少し舌先の隙間をあけて「シ」で shi、「リ」と発音すると ri。

3つの i

i は子音との組み合わせにより3つの異なった音になります。

（クリアな i）　ji　qi　xi

（こもった i）　zhi　chi　shi

（「ウー」に近い i）　zi　ci　si

12 [1] 発音されたほうに○をつけましょう。

1. bō —— pō
2. dē —— tē
3. lòu —— nòu
4. gē —— kē
5. fóu —— hóu
6. hū —— hē
7. pāo —— bāo
8. pōu —— pō

13 [2] 発音を聞いて（　　）に子音を書き入れ、声調符号も書きましょう。

14 [3] 発音を聞いてピンインを書きましょう。

1. [　　　　　　　　] 2. [　　　　　　　　] 3. [　　　　　　　　]

4. [　　　　　　　　] 5. [　　　　　　　　] 6. [　　　　　　　　]

ピンインルール② ―消える ü の“¨”

・j, q, x の後ろに ü が続く場合は u と綴ります。

例）jü → ju　　qüe → que　　xüe → xue

5 複母音

15 2つ、あるいは3つ連なる母音を滑らかに発音します。

ai	ei	ao	ou	
ia(ya)	ie(ye)	ua(wa)	uo(wo)	üe(yue)
iao(yao)	iou(you)	uai(wai)	uei(wei)	

発音ポイント

複母音の e の音

網掛けをしている複母音の e の発音は日本語の「エ」に近い音になります。

ピンインルール③ —消える o と e

・iou の前に子音がつくと o が消えて、–iu と表記されます。

例）qiou → qiu　　xiou → xiu

・uei の前に子音がつくと e が消えて、–ui と表記されます。

例）huei → hui　　guei → gui

ピンインルール④ —声調符号のつけ方

a ＞ o, e ＞ i, u, ü

⑴ 母音が1つなら母音の上に

⑵ 母音が複数ある時は

①a があれば a の上につける

②a がなければ o か e につける（※ o と e が同時に組み合わされることはありません。）

③ –iu, –ui の場合は後ろにつける

※ i の上に声調符号をつける時は点を取って　yī　yí　yǐ　yì

16 [1] 発音されたほうに○をつけましょう。

1. yǒu —— yǔ
2. yào —— yòu
3. yào —— ào
4. yuè —— yòu
5. ěi —— ǎi
6. yuè —— yè
7. zuǒ —— zǒu
8. dāo —— dōu

17 [2] 発音を聞いて（　）に母音を書き入れ、声調符号も書きましょう。

爱 [　　]	月 [　　]	我 [　　]	有 [　　]
猫 m [　　]	鞋 x [　　]	票 p [　　]	牛 n [　　]

18 [3] 発音を聞いてピンインを書きましょう。

1. [　　　　]　2. [　　　　]　3. [　　　　]

4. [　　　　]　5. [　　　　]　6. [　　　　]

6 鼻母音

19　-n：舌先を上の歯の裏につけて、口からイキが出ないようにして、鼻のほうに抜いて「ン」。

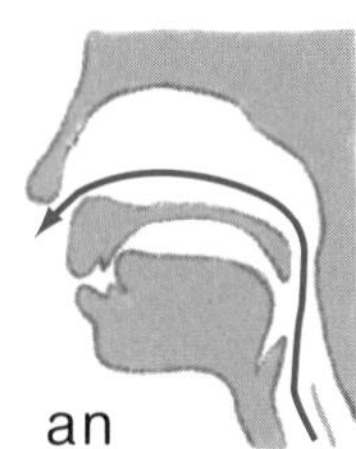

an	en	ian (yan)	in (yin)
uan (wan)	uen (wen)	ün (yun)	üan (yuan)

※(　)内は前に子音がつかない時の表記。

発音ポイント

a と e

網掛けしている a, e の発音は日本語の「エ」に近い音になります。üan の a も「エ」に近い音で発音されることがあります。

20　-ng：舌全体を奥にひいて、口へのイキの流れを止めて、「ん」。

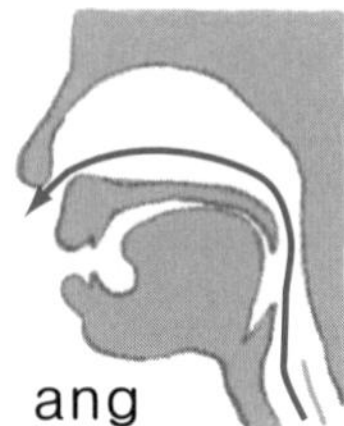

ang	eng	iang (yang)	ing (ying)	ong
uang (wang)	ueng (weng)			iong (yong)

※(　)内は前に子音がつかない時の表記。

音節表を見る

発音ポイント

eng と ong

"eng" は口を横に引いて「オん」、"ong" は口を突き出して「オん」と発音する。

ピンインルール⑤　一消える e

・uen の前に子音がつくと e が消えて、-un と表記されます。

例）kuen → kun　　cuen → cun

耳トレ

21 [1] 発音されたほうに○をつけましょう。

1. bāng — bān
2. dēng — dōng
3. yān — yāng
4. xūn — xuān
5. jiōng — zhōng
6. qián — qiáng
7. zhēng — zhāng
8. chuáng — chuán

22 [2] 発音を聞いて（　　）に鼻母音を書き入れ、母音に声調符号を書きましょう。

23 [3] 発音を聞いてピンインを書きましょう。

1. [　　　　]　2. [　　　　]　3. [　　　　]

4. [　　　　]　5. [　　　　]　6. [　　　　]

24 7 声調の組み合わせ

中国語の単語の多くは2音節です。音の組み合わせパターンをしっかり覚えましょう。

	-1	-2	-3	-4	-0
1-	咖啡 kāfēi (コーヒー)	中国 Zhōngguó (中国)	机场 jīchǎng (空港)	车站 chēzhàn (駅)	衣服 yīfu (服)
2-	熊猫 xióngmāo (パンダ)	足球 zúqiú (サッカー)	牛奶 niúnǎi (牛乳)	学校 xuéxiào (学校)	学生 xuésheng (学生)
3-	老师 lǎoshī (先生)	旅游 lǚyóu (旅行する)	手表 shǒubiǎo (腕時計)	感冒 gǎnmào (風邪)	早上 zǎoshang (朝)
4-	汽车 qìchē (車)	外国 wàiguó (外国)	厕所 cèsuǒ (トイレ)	电视 diànshì (テレビ)	月亮 yuèliang (月)

25 8 声調変化(変調)

(1) 第3声の連続

第3声+第3声→第2声+第3声　※声調符号は変更しない

你好。Nǐ hǎo.　　你走，我跑。Nǐ zǒu, wǒ pǎo.

我想买五把雨伞。Wǒ xiǎng mǎi wǔ bǎ yǔsǎn.

(2) “不”の変調

“不”は第4声ですが、後ろに第4声が来る場合だけ第2声で読み、表記も変更します。

不喝 bù hē　　不来 bù lái

不买 bù mǎi　　不怕 bù pà → bú pà

(3) “一”の変調

“一”は第1声ですが、後ろに来る漢字の声調によって第4声または第2声に変わり、表記も変更します。

一般　yī+1声 → yìbān　　一年　yī+2声 → yìnián

一起　yī+3声 → yìqǐ　　一共　yī+4声 → yígòng

例外：序数・年月日などは第1声のまま

一月一号 yīyuè yī hào　　第一课 dì yī kè

26 9 儿化

音節の末尾に“儿”がつくと、直前の母音を発音した後に、舌をそり上げます。ピンインは“er”ではなく“r”だけをつけます。

① 最終母音 a, e, o + r	花儿 huār（花）	猫儿 māor（猫）
② 音節の末尾が -n → n を発音せず r	一点儿 yìdiǎnr（少し）	玩儿 wánr（遊ぶ）
③ 音節の末尾が -ng →前の母音を鼻音化	空儿 kòngr（ひま）	电影儿 diànyǐngr（映画）
④ 複母音で末尾が -i → i を発音せず r	小孩儿 xiǎoháir（子供）	
⑤ 末尾が単母音 i → i を er にして発音	事儿 shìr（こと）	词儿 cír（語句）

ピンインルール⑥

(1) 隔音マーク［'］

次の音節が a, o, e ではじまる場合、前の音節との区切りをはっきりと示すため［'］をつける。

天安门 Tiān'ānmén　　西安 Xī'ān

(2) 固有名詞と行頭の大文字化

日本 Rìběn　　中国 Zhōngguó

李大力 Lǐ Dàlì　　山田太郎 Shāntián Tàiláng

我是日本人。Wǒ shì Rìběnrén.

(3) ピンイン表記の場合は単語ごとに分けて綴る。

我是日本人。Wǒ shì Rìběnrén.

(4) //（ダブルスラッシュ）

辞書では一部の動詞のピンインに //（ダブルスラッシュ）記号がついている。これは離合動詞といって、動詞自体の構造が動詞＋目的語になっているものを表している。

毕业 bì//yè　　帮忙 bāng//máng　　结婚 jié//hūn

すぐ使える表現

27 ●挨拶

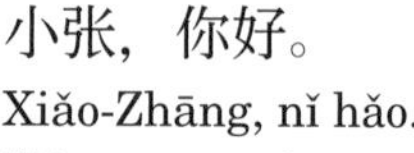

小张，你好。
Xiǎo-Zhāng, nǐ hǎo.
張さん、こんにちは。

高桥，你好。
Gāoqiáo, nǐ hǎo.
高橋さん、こんにちは。

★どんな時間帯にでも使える挨拶。初対面の場合は「はじめまして」の意味。

早上好。
Zǎoshang hǎo.
おはよう。

晚上好。
Wǎnshang hǎo.
こんばんは。

★朝や晩など特定の時間帯で使う挨拶。

同学们好。
Tóngxuémen hǎo.
（学生の皆さん）こんにちは。

老师好。
Lǎoshī hǎo.
先生こんにちは。

★身分＋"～好"で「～こんにちは」の意味。

再见。
Zàijiàn.
さようなら。

再见。
Zàijiàn.
さようなら。

★別れの挨拶。友達同士だと"拜拜。Báibái."も。

谢谢！
Xièxie!
ありがとう。

不客气！（不谢！）
Bú kèqi! (Bú xiè!)
どういたしまして。

★感謝の気持ちを伝える表現。

对不起！
Duìbuqǐ!
ごめんなさい。

没关系。
Méi guānxi.
かまいません。

★謝罪の気持ちを伝える表現。

教室用語

28

同学们好。
Tóngxuémen hǎo.
（学生の皆さん）こんにちは。

老师好。
Lǎoshī hǎo.
先生こんにちは。

现在点名。铃木同学。
Xiànzài diǎnmíng. Língmù tóngxué.
今から出席をとります。鈴木さん。

到。
Dào.
はい。

★点呼時の「はい」は“到”を使います。

现在开始上课。
Xiànzài kāishǐ shàngkè.
今から授業を始めます。

请打开三十三页。
Qǐng dǎkāi sānshisān yè.
33ページを開いてください。

★「～してください」は“请”を動詞の前につけます。

请跟我念。
Qǐng gēn wǒ niàn.
私について読んでください。

★声に出して読むときは“念”を使います。

今天就学到这儿，下课。
Jīntiān jiù xuédào zhèr, xiàkè.
今日はここまでです、授業を終わります。

★「授業を始める」は“上课”、「終わる」は“下课”。

很好！
Hěn hǎo!
いいですね。

★「いいね」という意味。他にも“不错！ Búcuò!”、“真棒！ Zhēn bàng!”（すばらしい）という言い方もあります。

还可以。
Hái kěyǐ.
まあまあですね。

発音練習

数字の基本 29

零 líng	一 yī	二 èr	三 sān	四 sì	五 wǔ	六 liù	七 qī	八 bā	九 jiǔ

10	十 shí	12	十二 shí'èr	20	二十 èrshí	21	二十一 èrshiyī	99	九十九 jiǔshijiǔ

数の数え方 30

一 yi

二 er

三 san

四 si

五 wu

六 liu

七 qi

八 ba

九 jiu

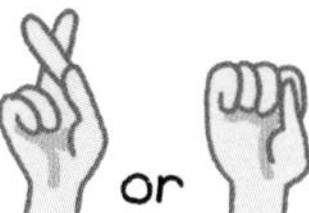

十 shi

親族名称 31

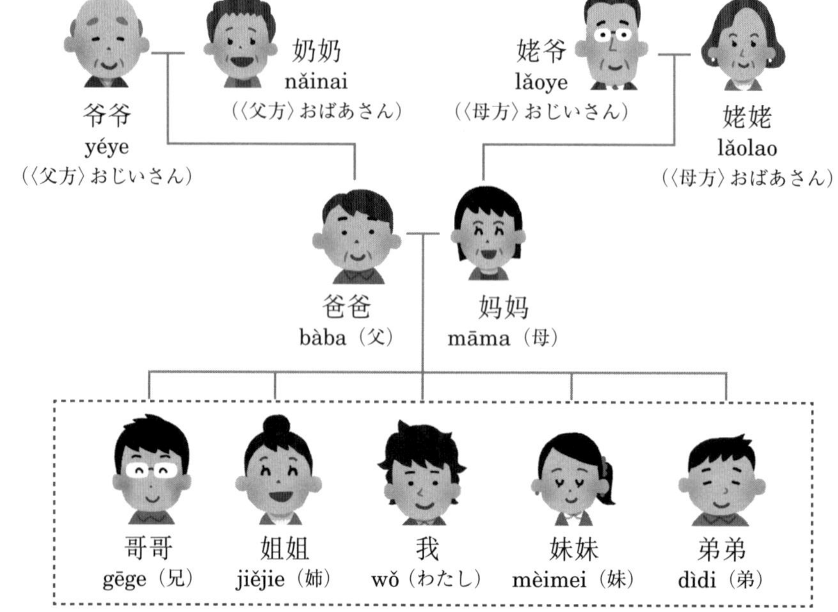

本編

本編に入る前に「中国語お名前チェッカー」で自分の名前を調べてみましょう。

▸▸ 自分の名前を簡体字で書いてみましょう。

....

▸▸ 自分の名前をピンインで書いてみましょう。

....

調べ方

① 「中国語お名前チェッカー」にアクセス
http://www.ch-station.org/chntext/onamae/

② 入力欄に日本語の漢字で氏名を入力
※名前が漢字ではなく平仮名やカタカナの人は自分で漢字名をつけましょう
例） あかり→亜加梨　しょう→翔

③ 変換ボタンを押す

④ 表示された簡体字とピンインを上の欄に正確に写す

第1課　自己紹介① 一名前、出身

会話
単語
文法
チャレンジ

到達目標
- ☑ 名前を言ったり、尋ねたりできる
- ☑ 国籍や出身を言ったり、尋ねたりできる

日本　中国語を勉強している高橋大介 Gāoqiáo Dàjiè さんは留学生との交流会に参加しました。初対面の李红 Lǐ Hóng さんに自己紹介ができるでしょうか。

32

高桥：你 好！ 我 叫 高桥 大介。
Nǐ hǎo! Wǒ jiào Gāoqiáo Dàjiè.

你 叫 什么 名字？
Nǐ jiào shénme míngzi?

李红：你 好！ 我 姓 李，叫 李 红。
Nǐ hǎo! Wǒ xìng Lǐ, jiào Lǐ Hóng.

高桥：你 是 留学生 吗？
Nǐ shì liúxuéshēng ma?

李红：对，我 是 中国 留学生。
Duì, wǒ shì Zhōngguó liúxuéshēng.

高桥：你 是 北京人 吗？
Nǐ shì Běijīngrén ma?

李红：不 是，我 是 上海人。
Bú shì, wǒ shì Shànghǎirén.

+α プラスアルファ

① "你好！Nǐ hǎo!"は、初対面の人に対する挨拶でよく使用されます。

② **"我是北京人"**
「地名＋"人 rén"」で出身を表します（例：大阪人 Dàbǎnrén ＝大阪出身）。

33

会話

叫	jiào	動 （名前は）～という
什么	shénme	代 何、どんな
名字	míngzi	名 氏名、名前
姓	xìng	動 （名字は）～という
是	shì	動 ～である
留学生	liúxuéshēng	名 留学生
吗	ma	助 （諾否疑問の文末につけて）～か
对	duì	形 正しい、そうである
中国	Zhōngguó	名 中国
北京人	Běijīngrén	名 北京出身
上海人	Shànghǎirén	名 上海出身
不	bù	副 （動詞や形容詞の前につけて）～ではない

文法

大阪人	Dàbǎnrén	名 大阪出身
东京人	Dōngjīngrén	名 東京出身
日本人	Rìběnrén	名 日本人
贵姓	guìxìng	お名前は
老师	lǎoshī	名 先生
学生	xuésheng	名 学生
中国人	Zhōngguórén	名 中国人
也	yě	副 ～も
都	dōu	副 どちらも、みな

※文法ポイントの❶人称代名詞もチェック！

コラム

名前と呼びかけ

中国人の姓は“王 Wáng”“李 Lǐ”“张 Zhāng”“刘 Liú”“陈 Chén”といった一字姓が大多数ですが、“司马 Sīmǎ”や“诸葛 Zhūgě”のような二字姓もあります。

名前の流行はその時代を反映して変化します。6、70年代は“军 Jūn”“勇 Yǒng”“英 Yīng”“丽 Lì”、80年代は“伟 Wěi”“磊 Lěi”“静 Jìng”“丽 Lì”、90年代は“杰 Jié”“浩 Hào”“婷 Tíng”“雪 Xuě”といった文字が多く用いられました。21世紀は、“涛 Tāo”“浩宇 Hàoyǔ”“浩然 Hàorán”“婷 Tíng”“欣怡 Xīnyí”“梓涵 Zǐhán”など、文学風の名前が人気のようです。(《二〇二〇年全国姓名报告》http://www.gov.cn/xinwen/2021-02/08/content_5585906.htm 参照)

仲の良い友人の名前を呼ぶときは、一字姓の場合は“小李 Xiǎo-Lǐ”、“老李 Lǎo-Lǐ”のように自分から見た年齢の上下で、“小 xiǎo”や“老 lǎo”をつけて呼びます。このように、二文字（二音節）で呼びかけることを好むので、下の名前が二文字から成る場合は、名前をそのまま呼び捨てにすることも多いです。

目上の人に対してや公の場では姓の後ろに敬称をつけて“李老师 Lǐ lǎoshī”“铃木先生 Língmù xiānsheng”“张女士 Zhāng nǚshì”“王经理 Wáng jīnglǐ”のように呼びます。

34 ❶ 人称代名詞

	1人称（わたし）		2人称（あなた）		3人称（彼・彼女）	
単数	我 wǒ		你 nǐ	您 nín	他 tā	她 tā
複数	我们 wǒmen	咱们 zánmen	你们 nǐmen		他们 tāmen	她们 tāmen

35

❷ 名前の聞き方・名乗り方

36

名字を言う時は“姓 xìng”、名前やフルネームを言う時は“叫 jiào”を使う。

A: 您贵姓？
Nín guìxìng?

B: 我姓王。
Wǒ xìng Wáng.

A: 你叫什么名字？
Nǐ jiào shénme míngzi?

B: 我叫铃木美香。
Wǒ jiào Língmù Měixiāng.

A: 我姓李，叫李建。
Wǒ xìng Lǐ, jiào Lǐ Jiàn.

確認してみよう！

❶ 自分の名前を言ってみましょう。

A. 您贵姓？
Nín guìxìng?
B. ______________________

A. 你叫什么名字？
Nǐ jiào shénme míngzi?
B. ______________________

❷ 次の質問に答えましょう。

1. 你是日本人吗？
Nǐ shì Rìběnrén ma?
____

2. 你是大阪人吗？
Nǐ shì Dàbǎnrén ma?
____

3 動詞“是”

37

“A 是 B”の形で「A は B である」の意味になる。

肯定：主語 ＋“是”＋ 目的語

否定：主語 ＋“不是”＋ 目的語

疑問：主語 ＋“是”＋ 目的語 ＋“吗”？

A: 你是日本人吗？
Nǐ shì Rìběnrén ma?

B: 是，我是日本人。
Shì, wǒ shì Rìběnrén.

A: 他是中国人吗？
Tā shì Zhōngguórén ma?

B: 不是，他不是中国人。
Bú shì, tā bú shì Zhōngguórén.

4 副詞“也・都”

38

“也 yě”「～も」や“都 dōu”「どちらも / みな」のような副詞は、述語（動詞や形容詞など）の前に置く。複数の副詞が並ぶ場合は順番に決まりがある。

A: 你也是留学生吗？
Nǐ yě shì liúxuéshēng ma?

B: 我也是留学生。
Wǒ yě shì liúxuéshēng.

A: 他们都是老师吗？
Tāmen dōu shì lǎoshī ma?

B: 他们都不是老师。
Tāmen dōu bú shì lǎoshī.

A: 她们也都是学生吗？
Tāmen yě dōu shì xuésheng ma?

B: 她们不都是学生。
Tāmen bù dōu shì xuésheng.

確認してみよう！

3 （　）の語を適切な位置に入れて日本語に訳しましょう。

1. 我　是　日本人。　（也）　＿＿＿＿＿＿＿＿

2. 我们　是　中国人。（都）　＿＿＿＿＿＿＿＿

4 次の日本語を中国語に訳しましょう。

1. 彼らはみな留学生です。　＿＿＿＿＿＿＿＿

2. 彼らは学生ではありません。　＿＿＿＿＿＿＿＿

チャレンジ

氏名、国籍、出身地など、簡単な自己紹介をしてみよう！

準備 右ページの拡張表現を参考にしながらB欄の下線部に単語を書き入れて、ペアで練習しましょう。

	A	B
1 氏名	你叫什么名字？ Nǐ jiào shénme míngzi?	我叫 ……………………。 Wǒ jiào
2 名字	您贵姓？ Nín guìxìng?	我姓 ……………………。 Wǒ xìng
3 国籍	你是日本人吗？ Nǐ shì Rìběnrén ma?	是，我是 ……………………。 Shì, wǒ shì 不是，我是 ……………………。 Bú shì, wǒ shì
4 出身地	你是大阪人吗？ Nǐ shì Dàbǎnrén ma?	是，我是 ……………………。 Shì, wǒ shì 不是，我是 ……………………。 Bú shì, wǒ shì
5 身分	你是大学生吗？ Nǐ shì dàxuéshēng ma?	……………………。
6 学年	你也是一年级吗？ Nǐ yě shì yī niánjí ma?	……………………。

39 大学生 dàxuéshēng（大学生） 年级 niánjí（～年生）

拡張表現

40 **日本の都道府県名**

① 北海道 Běihǎidào
② 青森县 Qīngsēnxiàn
③ 岩手县 Yánshǒuxiàn
④ 宫城县 Gōngchéngxiàn
⑤ 秋田县 Qiūtiánxiàn
⑥ 山形县 Shānxíngxiàn
⑦ 福岛县 Fúdǎoxiàn
⑧ 茨城县 Cíchéngxiàn
⑨ 枥木县 Lìmùxiàn
⑩ 群马县 Qúnmǎxiàn
⑪ 埼玉县 Qíyùxiàn
⑫ 千叶县 Qiānyèxiàn
⑬ 东京都 Dōngjīngdū
⑭ 神奈川县 Shénnàichuānxiàn
⑮ 新潟县 Xīnxìxiàn
⑯ 富山县 Fùshānxiàn
⑰ 石川县 Shíchuānxiàn
⑱ 福井县 Fújǐngxiàn
⑲ 山梨县 Shānlíxiàn
⑳ 长野县 Chángyěxiàn
㉑ 岐阜县 Qífùxiàn
㉒ 静冈县 Jìnggāngxiàn
㉓ 爱知县 Àizhīxiàn
㉔ 三重县 Sānchóngxiàn
㉕ 滋贺县 Zīhèxiàn
㉖ 京都府 Jīngdūfǔ
㉗ 大阪府 Dàbǎnfǔ
㉘ 兵库县 Bīngkùxiàn
㉙ 奈良县 Nàiliángxiàn
㉚ 和歌山县 Hégēshānxiàn
㉛ 鸟取县 Niǎoqǔxiàn
㉜ 岛根县 Dǎogēnxiàn
㉝ 冈山县 Gāngshānxiàn
㉞ 广岛县 Guǎngdǎoxiàn
㉟ 山口县 Shānkǒuxiàn
㊱ 德岛县 Dédǎoxiàn
㊲ 香川县 Xiāngchuānxiàn
㊳ 爱媛县 Àiyuánxiàn
㊴ 高知县 Gāozhīxiàn
㊵ 福冈县 Fúgāngxiàn
㊶ 佐贺县 Zuǒhèxiàn
㊷ 长崎县 Chángqíxiàn
㊸ 大分县 Dàfēnxiàn
㊹ 宫崎县 Gōngqíxiàn
㊺ 熊本县 Xióngběnxiàn
㊻ 鹿儿岛县 Lù'érdǎoxiàn
㊼ 冲绳县 Chōngshéngxiàn

41 **国**

中国 Zhōngguó 中国

日本 Rìběn 日本

韩国 Hánguó 韓国
美国 Měiguó アメリカ
英国 Yīngguó イギリス

法国 Fǎguó フランス

意大利 Yìdàlì イタリア

加拿大 Jiānádà カナダ

42 **ワンポイント —— 国籍と出身地の尋ね方**

国籍を尋ねる：你是哪国人？ —我是日本人。
Nǐ shì nǎguórén? Wǒ shì Rìběnrén.

出身地を尋ねる：你是哪里人？ —我是大阪人。
Nǐ shì nǎlirén? Wǒ shì Dàbǎnrén.

第2課　自己紹介② 一所属、専攻

到達目標　☑ 所属、専攻を言うことができる

日本　高橋さんは李红さんにスマホの写真を見せて、自分の家族を紹介しています。イケメンのお兄さんに李红さんは興味津々の様子です。

43

李红：这 是 谁?
Zhè shì shéi?

高桥：这 是 我 哥哥，他 也 是 大学生。
Zhè shì wǒ gēge, tā yě shì dàxuéshēng.

李红：你 哥哥 是 哪个 大学 的?
Nǐ gēge shì něige dàxué de?

高桥：我 哥哥 是 东西大学 的。
Wǒ gēge shì Dōngxī Dàxué de.

李红：他 学习 什么?
Tā xuéxí shénme?

高桥：他 学 经济。
Tā xué jīngjì.

+α プラスアルファ

① **“这是～ zhè shì”**

“这是～ zhè shì は自分に近いモノを指して説明するだけではなく、“这是李红。Zhè shì Lǐ Hóng.”「こちらは李紅さんです。」のように人を紹介するときにも使えます。敬意をもって人を数える量詞の“位 wèi”を用いて、“这位是～ Zhèi wèi shì”「この方は～」と言うと丁寧な表現になります。

② **専攻の尋ね方**

大学で学んでいる内容や専攻の尋ね方には次のようなものがあります。
“他学什么？Tā xué shénme?”「彼は何を学んでいますか？」、“他的专业是什么？Tā de zhuānyè shì shénme?”「彼の専攻は何ですか？」、“他学 / 学习什么专业？Tā xué / xuéxí shénme zhuānyè?”「彼はどんな専門を学んでいますか？」、“你是哪个系的？Nǐ shì něige xì de?”「あなたはどの学部(の学生)ですか？」

44

会話

谁	shéi	代 だれ
哥哥	gēge	名 兄
大学生	dàxuéshēng	名 大学生
大学	dàxué	名 大学
的	de	助 ～の
东西大学	Dōngxī Dàxué	名 東西大学
学习	xuéxí	動 勉強する
学	xué	動 勉強する
经济	jīngjì	名 経済

文法

汉语	Hànyǔ	名 中国語
喝	hē	動 飲む
咖啡	kāfēi	名 コーヒー
红茶	hóngchá	名 紅茶
苹果	píngguǒ	名 りんご
人	rén	名 人
唱	chàng	動 歌う
歌	gē	名 歌
吃	chī	動 食べる
蛋糕	dàngāo	名 ケーキ
去	qù	動 行く
邮局	yóujú	名 郵便局
要	yào	動 欲しい
北京大学	Běijīng Dàxué	名 北京大学
专业	zhuānyè	名 専攻
法律	fǎlǜ	名 法律
词典	cídiǎn	名 辞典
妈妈	māma	名 母
银行	yínháng	名 銀行
爸爸	bàba	名 父
弟弟	dìdi	名 弟

※文法ポイント❷指示代名詞、❸場所代名詞もチェック！

コラム

中国の大学生活

中国の大学の授業は開始時間が早く、朝8時（“早上八点 zǎoshang bā diǎn”）には授業が始まります。1コマ45分で、午前に4コマ、午後に8コマあります。学生の多くは大学の敷地内にある“学生宿舍 xuéshēng sùshè”（学生寮）に住み、部屋（“寝室 qǐnshì”）は4人～8人で1部屋です。アルバイト（“打工 dǎgōng”）をする学生は日本ほど多くありません。学生のアルバイトで人気があるのは“家教 jiājiào”（家庭教師）、“发传单 fā chuándān”（チラシ配り）、“推销员 tuīxiāoyuán”（販売員）などです。“星巴克 Xīngbākè”（スターバックス）や“肯德基 Kěndéjī”（ケンタッキー）など外資系飲食チェーンでアルバイトをする学生もいます。

1 動詞述語文

45
肯定：主語 ＋ 動詞 （＋ 目的語）
否定：主語 ＋“不”＋ 動詞 （＋ 目的語）
疑問：主語 ＋ 動詞 （＋ 目的語）＋“吗”？

A: 你学汉语吗？
Nǐ xué Hànyǔ ma?

B: 我学汉语。
Wǒ xué Hànyǔ.

A: 你喝咖啡吗？
Nǐ hē kāfēi ma?

B: 我不喝咖啡，喝红茶。
Wǒ bù hē kāfēi, hē hóngchá.

2 指示代名詞“这・那・哪”

46

	コ	ソ	ア	ド	文中での位置
	近称	遠称		不定称	
単数	这 zhè	那 nà		（哪 nǎ）	主語
単数	这个 zhèige / zhège	那个 nèige / nàge		哪个 něige / nǎge	主語、目的語 連体修飾語
複数	这些 zhèixiē / zhèxiē	那些 nèixiē / nàxiē		哪些 něixiē / nǎxiē	主語、目的語 連体修飾語

“这个”、“那个”、“哪个”などは、直後に名詞をつなげて、「この～」「あの～」「その～」「どの～」という名詞句を作る。例：“这个苹果 zhèige píngguǒ”（このリンゴ）、“那些老师 nèixiē lǎoshī”（あれらの先生）、“哪个人 něige rén”（どの人）

“这”と“那”は“是”を述語に用いた“这是… / 那是…”という文型のみで使う。

3 場所代名詞“这儿・那儿・哪儿”

47

ここ	そこ	あそこ	どこ
这儿 / 这里 zhèr / zhèli	那儿 / 那里 nàr / nàli		哪儿 / 哪里 nǎr / nǎli

確認してみよう！

1 次の日本語にあうように単語を正しい語順に並べ替えましょう。

1. 彼らは中国に行きます。
去 / 他们 / 中国 / 。 ＿＿＿＿＿＿＿＿＿＿

2. 私はこれを食べません。
我 / 吃 / 不 / 这个 / 。 ＿＿＿＿＿＿＿＿＿＿

3. あなたたちも中国語を勉強しますか。
吗 / 学 / 也 / 汉语 / 你们 / ？ ＿＿＿＿＿＿＿＿＿＿

4 疑問詞疑問文“谁・什么・哪儿・哪个”

48

尋ねたい箇所に疑問詞を置く。

A: 谁唱歌？
Shéi chàng gē?

B: 我唱歌。
Wǒ chàng gē.

A: 你吃什么？
Nǐ chī shénme?

B: 我吃蛋糕。
Wǒ chī dàngāo.

A: 他去哪儿？
Tā qù nǎr?

B: 他去邮局。
Tā qù yóujú.

A: 你要哪个？
Nǐ yào něige?

B: 我要这个。
Wǒ yào zhèige.

文末の“吗 ma”は必要ない。

5 連体修飾語を作る“的”

49

“的 de”は名詞の後につけて、連体修飾語を作る。

名詞1（代名詞） ＋“的”＋ 名詞2

A: 你是哪个大学的学生？
Nǐ shì něige dàxué de xuésheng?

B: 我是北京大学的学生。
Wǒ shì Běijīng Dàxué de xuésheng.

A: 你哥哥的专业是什么？
Nǐ gēge de zhuānyè shì shénme?

B: 我哥哥的专业是法律。
Wǒ gēge de zhuānyè shì fǎlǜ.

A: 这是谁的汉语词典？
Zhè shì shéi de Hànyǔ cídiǎn?

B: 这是我的。
Zhè shì wǒ de.

人称代名詞と親族呼称、友人関係、所属先を表す名詞が結びつくとき、“的”は一般に省略される（例：我妈妈）。国名・言語などは“的”を介さず名詞に直接つなげる（例：汉语词典）。

確認してみよう！

2 下線部を問う疑問文を作りましょう。

1. 我吃<u>蛋糕</u>。 ＿＿＿＿＿＿＿＿
2. <u>他</u>喝咖啡。 ＿＿＿＿＿＿＿＿
3. 我去<u>银行</u>。 ＿＿＿＿＿＿＿＿
4. 那是<u>我的</u>汉语词典。 ＿＿＿＿＿＿＿＿

3 次の日本語を中国語に訳しましょう。

1. 私のお父さん ＿＿＿＿＿＿＿＿
2. 弟の専攻 ＿＿＿＿＿＿＿＿
3. このリンゴ ＿＿＿＿＿＿＿＿
4. 中国人の先生 ＿＿＿＿＿＿＿＿

チャレンジ

準備 右ページの拡張表現を参考にしながらB欄の下線部に単語を書き入れて、ペアで練習しましょう。

	A	B
1	你是哪个大学的(学生)? Nǐ shì něige dàxué de (xuésheng)?	我是 ________ 大学的(学生)。 Wǒ shì ________ dàxué de (xuésheng).
2	你是哪个系的(学生)? Nǐ shì něige xì de (xuésheng)?	我是 ________。 Wǒ shì
3	你的专业是什么? Nǐ de zhuānyè shì shénme?	我的专业是 ________。 Wǒ de zhuānyè shì
4	你要哪个? Nǐ yào něige?	我要 ________。 Wǒ yào
5	(モノを指差して) 这是谁的? Zhè shì shéi de?	________。
6	你买什么? Nǐ mǎi shénme?	________。

50 系 xì (学部・学科)　买 mǎi (買う)

会話 / 単語 / 文法 / チャレンジ

拡張表現

51 ●大学の学部名

法律系	fǎlǜxì	(法学部)	文学系	wénxuéxì	(文学部)
经济系	jīngjìxì	(経済学部)	商学系	shāngxuéxì	(商学部)
社会学系	shèhuìxuéxì	(社会学部)	外语系	wàiyǔxì	(外国語学部)
工学系	gōngxuéxì	(工学部)			

52 ●身の回りのもの

 词典 cídiǎn (辞書)	 课本 kèběn (教科書)	 书 shū (本)
 本子 běnzi (ノート)	 铅笔 qiānbǐ (鉛筆)	 圆珠笔 yuánzhūbǐ (ボールペン)
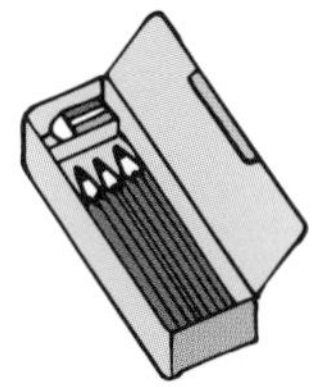 笔袋 bǐdài (筆箱)	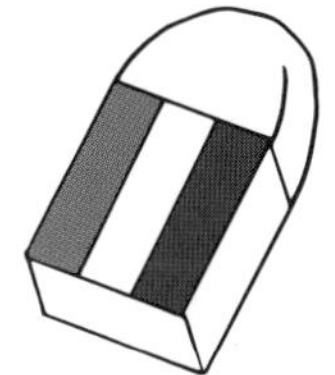 橡皮 xiàngpí (消しゴム)	 手机 shǒujī (ケータイ)
 手表 shǒubiǎo (腕時計)	 钱包 qiánbāo (財布)	 书包 shūbāo (カバン)

第3課 自己紹介③ ―家族について

〔到達目標〕
- ☑ 自分の家族や友達について紹介することができる
- ☑ 年齢を尋ねたり、言うことができる

日本 高橋さんと李红さんは住まいや家族の人数、年齢について話しています。5人家族の高橋さんにはお兄さん以外にもう一人きょうだいがいるようです。

53

李红：高桥，你 家 在 哪儿？
Gāoqiáo, nǐ jiā zài nǎr?

高桥：我 家 在 大阪。
Wǒ jiā zài Dàbǎn.

李红：你 家 有 几 口 人？
Nǐ jiā yǒu jǐ kǒu rén?

都 有 什么 人？
Dōu yǒu shénme rén?

高桥：我 家 有 五 口 人，爸爸、妈妈、哥哥、妹妹 和 我。
Wǒ jiā yǒu wǔ kǒu rén, bàba、 māma、 gēge、 mèimei hé wǒ.

李红：你 妹妹 多 大 了？
Nǐ mèimei duō dà le?

高桥：我 妹妹 今年 十三 岁 了。
Wǒ mèimei jīnnián shísān suì le.

+α プラスアルファ

標点符号

文末につける句点「。」は中国語では“句号 jùhào”と言います。読点「、」は“顿号 dùnhào”といい、“A、B、C、D”のように並列する単語の間に使います。文を区切るときは「,」(“逗号 dòuhào”)を使います。日本語では「、」を使うので注意が必要です。疑問文の文末には「？」(“问号 wènhào”)、感嘆文には「！」(“叹号 tànhào”)を明記します。

54

会話

家	jiā	名 家
在	zài	動 ある、いる
大阪	Dàbǎn	名 大阪
有	yǒu	動 ある、持っている、いる
几	jǐ	代 (序数、10 以下の数を尋ねる) いくつ
～口	kǒu	量 (家族の人数を数える) ～人
妹妹	mèimei	名 妹
和	hé	接 ～と
多大	duōdà	(年齢を尋ねる) いくつ
今年	jīnnián	名 今年
～岁	suì	量 ～歳
了	le	助 ～になる、～になった

文法

老家	lǎojiā	名 実家、故郷
香川	Xiāngchuān	名 香川
喂	wéi	もしもし
现在	xiànzài	名 今、現在
兄弟姐妹	xiōngdì jiěmèi	名 兄弟、姉妹
～个	ge	量 (広く人やモノを数える) ～個、～人
手机	shǒujī	名 携帯電話
没有	méiyǒu	動 持っていない、ない
请	qǐng	動 お願いする、どうぞ～してください
坐	zuò	動 座る、乗る
桌子	zhuōzi	名 机、テーブル
～上	shàng	方位 (場所を表す名詞の後ろに置いて) 上、表面
～本	běn	量 (本を数える) ～冊
书	shū	名 本
～里	li	方位 (場所を表す名詞の後ろに置いて) 中
北京	Běijīng	名 北京
学校	xuéxiào	名 学校
教室	jiàoshì	名 教室
食堂	shítáng	名 食堂
黑板	hēibǎn	名 黒板
房子	fángzi	名 家
明天	míngtiān	名 明日
～号	hào	量 ～日
今天	jīntiān	名 今日
星期几	xīngqī jǐ	何曜日
星期～	xīngqī	名 ～曜日
孩子	háizi	名 子供
高中生	gāozhōngshēng	名 高校生
已经	yǐjīng	副 もう、すでに

1 動詞“在”──所在を表す

55

「～は … にある」のように、人やモノのありかを言う。

肯定：人／モノ ＋“在”＋ 場所　　否定：人／モノ ＋“不在”＋ 場所

A: 你老家在哪儿？
Nǐ lǎojiā zài nǎr?

B: 我老家在香川。
Wǒ lǎojiā zài Xiāngchuān.

A: 喂，王老师在家吗？
Wéi, Wáng lǎoshī zài jiā ma?

B: 他现在不在家。
Tā xiànzài bú zài jiā.

2 動詞“有”──所有と存在を表す

所有　「～は … を持っている」

56

肯定：所有者 ＋“有”＋ 所有物　　否定：所有者 ＋“没有”＋ 所有物

疑問：所有者 ＋“有”＋ 所有物 ＋“吗”？

A: 你有兄弟姐妹吗？
Nǐ yǒu xiōngdì jiěmèi ma?

B: 我有一个弟弟。
Wǒ yǒu yí ge dìdi.　（cf. 第5課ポイント❹量詞“个”）

A: 你有手机吗？
Nǐ yǒu shǒujī ma?

B: 我没有手机。
Wǒ méiyou shǒujī.

存在　「～に … がいる／ある」

場所 ＋“有”＋ 人／モノ

57

ある場所に人やモノが存在することを表す。この文では主語に場所を表す名詞が、目的語 には（不特定、あるいは未知の）人やモノがくる。（存现文 cf. 第14課ポイント❸）

A: 这儿有人吗？
Zhèr yǒu rén ma?

B: 这儿没有人。请坐。
Zhèr méiyou rén. Qǐng zuò.

A: 桌子上有什么？
Zhuōzi shang yǒu shénme?

B: 桌子上有一本书。（cf. 第5課ポイント❹量詞“本”）
Zhuōzi shang yǒu yì běn shū.

確認してみよう！

1 日本語の意味になるように（　　）に適切な単語を入れましょう。

1. 你们大学（　　　）哪儿？　あなたたちの大学はどこにありますか。
2. 你们大学（　　　）食堂吗？　あなたたちの学校には食堂はありますか。
3. 我们大学（　　　）东京。　私たちの大学は東京にはありません。

2 次の質問に答えましょう。

1. 你有兄弟姐妹吗？ ＿＿＿＿＿＿＿＿　2. 你有手机吗？ ＿＿＿＿＿＿＿＿
3. 这儿有人吗？ ＿＿＿＿＿＿＿＿　4. 桌子上有什么？ ＿＿＿＿＿＿＿＿

3 方位詞①“上・里”(cf. 第7課ポイント❹方位詞②)

58

“上”(上・表面)や“里”(中)など空間を表す語を方位詞と言う。場所の意味を持たない名詞の後につけて場所化する。

“上・里”が不要なもの	中国 Zhōngguó	北京 Běijīng	
“上・里”があってもなくてもよいもの	学校 xuéxiào	教室 jiàoshì	食堂 shítáng
“上・里”が必要なもの	桌子 zhuōzi	黑板 hēibǎn	房子 fángzi

4 名詞述語文

59

年齢・日付・曜日など数字と関連する名詞が述語となっている文を言う。

A: 明天几号？
Míngtiān jǐ hào?

B: 明天十九号。
Míngtiān shíjiǔ hào.

A: 今天星期几？
Jīntiān xīngqī jǐ?

B: 今天星期一。(cf. 第4課ポイント❹参照)
Jīntiān xīngqīyī.

否定は“不是”を用いる。明天不是十九号。

月・日・時間などの決まった範囲の数字を聞く場合も、“几”を使って尋ねる。

5 文末助詞の“了 le”

60

A: 你今年多大了？
Nǐ jīnnián duō dà le?

B: 二十(岁)了。
Èrshí (suì) le.

A: 你孩子是高中生吗？
Nǐ háizi shì gāozhōngshēng ma?

B: 已经大学生了。
Yǐjīng dàxuéshēng le.

確認してみよう！

3 下線部を中国語に訳しましょう。

1. 机の中に本がある ______________
2. 机に本がある ______________
3. 教室の中に学生がいる ______________
4. 黒板に地図が(貼って)ある ______________

4 下線部を問う疑問文を作りましょう。

1. 今天星期三。 ______________
2. 他二十四岁了。 ______________

チャレンジ

家族、誕生日、住まいなどを聞いてみよう！

	A	B
1	你家有几口人？ Nǐ jiā yǒu jǐ kǒu rén?	我家有 ……………………。 Wǒ jiā yǒu
2	你家都有什么人？ Nǐ jiā dōu yǒu shénme rén?	我家有 ……………………。 Wǒ jiā yǒu
3	你有兄弟姐妹吗？ Nǐ yǒu xiōngdì jiěmèi ma?	有，我有 ……………………。 Yǒu, wǒ yǒu
		没有，我没有兄弟姐妹。 Méiyou, wǒ méiyou xiōngdì jiěmèi.
		没有，我是独生子。 Méiyou, wǒ shì dúshēngzǐ.
		没有，我是独生女。 Méiyou, wǒ shì dúshēngnǚ.
4	你今年多大了？ Nǐ jīnnián duō dà le ?	……………………。
5	你的生日是几月几号？ Nǐ de shēngrì shì jǐ yuè jǐ hào?	……………………。
6	你家在哪儿？ Nǐ jiā zài nǎr?	……………………。

61 生日 shēngrì（誕生日）　独生子 dúshēngzǐ（一人っ子（男））　独生女 dúshēngnǚ（一人っ子（女））
～月 yuè（～月）

拡張表現

62 ●職業

公司职员	gōngsī zhíyuán	（会社員）	公务员	gōngwùyuán	（公務員）
教师	jiàoshī	（教師）	学生	xuésheng	（学生）
医生	yīshēng	（医者）	护士	hùshi	（看護師）
律师	lùshī	（弁護士）	理发师	lǐfàshī	（美容師）
翻译	fānyì	（通訳）	导游	dǎoyóu	（旅行ガイド）
司机	sījī	（運転手）	家庭主妇	jiātíng zhǔfù	（専業主婦）

●家族構成

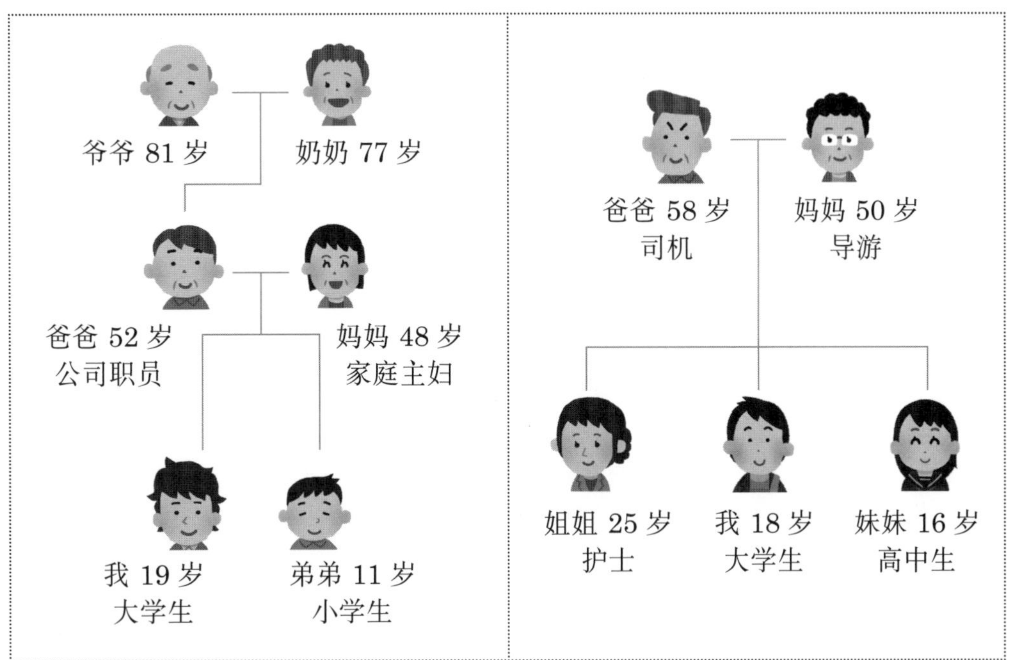

63 ワンポイント —— 年齢を尋ねるバリエーション

10 歳くらいまでの子供に対して：	你几岁？ Nǐ jǐ suì?
若者や同年代の人に対して：	你多大？ Nǐ duō dà?
年長者に対して：	您多大岁数？ Nín duō dà suìshu?
年長者に対して（60～70歳以上の人に対して使われることが多い）	您多大年纪？ Nín duō dà niánjì?

第4課　お誘い

到達目標　☑ 友達と待ち合わせをすることができる

日本　高橋さんは李红さんをカラオケに誘うことにしました。ちゃんと待ち合わせ場所と時間を決められるでしょうか。

64

高桥：我们 一起 去 唱 歌，怎么样？
Wǒmen yìqǐ qù chàng gē, zěnmeyàng?

李红：好 啊。什么 时候 去？
Hǎo a. Shénme shíhou qù?

高桥：你 这个 星期六 有 没有 时间？
Nǐ zhèige xīngqīliù yǒu méiyou shíjiān?

李红：有 时间。我们 几点、在 哪儿 见面？
Yǒu shíjiān. Wǒmen jǐ diǎn、zài nǎr jiànmiàn?

高桥：下午 两点 在 车站 广场 见面 吧。
Xiàwǔ liǎng diǎn zài chēzhàn guǎngchǎng jiànmiàn ba.

李红：好。星期六 下午 见。
Hǎo. Xīngqīliù xiàwǔ jiàn.

+α プラスアルファ

① **“吧 ba”**

文末に置かれる“吧 ba”には様々な意味があります。①提案・勧誘「～しましょう！」→“一起去吃饭吧！”「一緒にご飯を食べに行きましょう」、②推量・確認「～ですよね？」→“你是中国人吧？”「あなたは中国人ですよね？」、③軽い命令「～してください」→“你也去吧！”「あなたも行きなさいよ」

② **“二 èr”と“两 liǎng”**

数字の2の読み方には“二 èr”と“两 liǎng”の二通りがあります。「いち、に、さん」と順番に数える場合には“二 èr”、「ひとつ、ふたつ、みっつ」とモノを数える場合には“两 liǎng”を使います。

65

会話

一起	yìqǐ	副 いっしょに
怎么样	zěnmeyàng	代 どう、どのようですか
好	hǎo	形 よろしい、了解
啊	a	助（文末に置いて肯定などの語気を表す）
什么时候	shénme shíhou	代 いつ
时间	shíjiān	名 時間
在	zài	前 ～で（場所）
见面	jiàn//miàn	動 会う
下午	xiàwǔ	名 午後
～点	diǎn	量 ～時
车站	chēzhàn	名 駅、バス停
广场	guǎngchǎng	名 広場
见	jiàn	動 会う
吧	ba	助（文末に用いて様々な語気を表す）

文法

午饭	wǔfàn	名 昼食
快餐店	kuàicāndiàn	名 ファーストフード店
工作	gōngzuò	名 仕事 動 働く
好的	hǎo de	わかりました
看	kàn	動 見る、読む

电影	diànyǐng	名 映画
打工	dǎ//gōng	動 アルバイトする
星期天/日	xīngqītiān/rì	名 日曜日
来	lái	動 来る
玩儿	wánr	動 遊ぶ
不好意思	bù hǎo yìsi	申し訳ない
事	shì	名 こと、用事
电车	diànchē	名 電車
骑	qí	動（自転車やバイクに）乗る
自行车	zìxíngchē	名 自転車
电子词典	diànzǐ cídiǎn	名 電子辞書
～年	nián	量 ～年
～月	yuè	量 ～月
两	liǎng	数 二つ
零	líng	数 ゼロ
～分	fēn	量 ～分
～刻	kè	量（時間の単位）15分
半	bàn	数（時間の単位）半
差	chà	動 足りない
每天	měi tiān	名 毎日
晚饭	wǎnfàn	名 夕食
暑假	shǔjià	名 夏休み
买	mǎi	動 買う
东西	dōngxi	名 もの

コラム **離合詞**

2文字からなる動詞の中で、間に別の要素を挿入できるものを「離合詞（離合動詞）」と言います。たとえば、会話文に見られる“见面 jiàn//miàn”は、“见了面 jiànle miàn”（会った, 第8課参照）”见过一次面 jiànguo yí cì miàn”（一度会ったことがある, 第9課参照）のように“了 le”や“过 guo”、“一次 yí cì”などを挿入できます。ほかに“洗澡 xǐ//zǎo”（入浴する）“散步 sàn//bù”（散歩する）などがあります。ピンイン表記に「//」（ダブルスラッシュ）が入っているものが離合詞です。

会話
単語
文法
チャレンジ

1 前置詞“在”

66

動作が行われる場所を表す。

主語 ＋“在”＋ 場所名詞 ＋ 動詞（目的語）

A: 你在哪儿吃午饭？
Nǐ zài nǎr chī wǔfàn?

B: 我在快餐店吃午饭。
Wǒ zài kuàicāndiàn chī wǔfàn.

A: 你爸爸在哪儿工作？
Nǐ bàba zài nǎr gōngzuò?

B: 我爸爸在银行工作。
Wǒ bàba zài yínháng gōngzuò.

A: 我们在车站见吧！
Wǒmen zài chēzhàn jiàn ba!

B: 好的。
Hǎo de.

2 連動文

67

同一の動作主が時間の流れに沿って、２つ（以上）の動作をする表現。日本語の語順とは異なるので注意。中国語：去看电影 ⇔ 日本語：映画を見に行く

動詞フレーズⅠ　動詞フレーズⅡ

主語 ＋ 動詞＋（目的語） ＋ 動詞＋（目的語）

A: 你去哪儿？
Nǐ qù nǎr?

B: 我去打工。
Wǒ qù dǎgōng.

A: 星期天你来我家玩儿吧！
Xīngqītiān nǐ lái wǒ jiā wánr ba!

B: 不好意思，我有事。
Bù hǎo yìsi, wǒ yǒu shì.

A: 你坐电车去吗？
Nǐ zuò diànchē qù ma?

B: 不，我骑自行车去。
Bù, wǒ qí zìxíngchē qù.

確認してみよう！

1 次の質問に答えましょう。

1. 你在哪儿学习汉语？ ________________
2. 你每天在食堂吃晚饭吗？ ________________

2 次の単語を正しい語順に並べ替えましょう。

1. 暑假 / 哪儿 / 你 / 旅行 / 去 / ？ ________________
2. 你 / 买 / 自行车 / 吗 / 东西 / 骑 / 去 / ？ ________________

3 反復疑問文

68 動詞·助動詞·形容詞を肯定形＋否定形の順に並べる疑問文。

A: 这是不是你的手机？
Zhè shì bu shì nǐ de shǒujī?

B: 对，这是我的。
Duì, zhè shì wǒ de.

A: 你喝不喝咖啡？
Nǐ hē bu hē kāfēi?

B: 我喝。
Wǒ hē.

A: 你有没有电子词典？
Nǐ yǒu méiyou diànzǐ cídiǎn?

B: 我没有电子词典。
Wǒ méiyou diànzǐ cídiǎn.

文末に“吗”をつけない。 反復疑問文では“也”や“都”などの副詞は使えない。

4 年月日・曜日・時刻

69 **年** 1949年 yī jiǔ sì jiǔ nián 2019年 èr líng yī jiǔ nián 2020年 èr líng èr líng nián

月 一月 yīyuè 二月 èryuè 三月 sānyuè 四月 sìyuè 五月 wǔyuè
六月 liùyuè 七月 qīyuè 八月 bāyuè 九月 jiǔyuè 十月 shíyuè
十一月 shíyīyuè 十二月 shí'èryuè 几月 jǐ yuè

日 一号 yī hào 二号 èr hào 三号 sān hào 四号 sì hào 五号 wǔ hào 六号 liù hào .....
二十九号 èrshijiǔ hào 三十号 sānshí hào 三十一号 sānshiyī hào 几号 jǐ hào

曜日 星期一 xīngqīyī（月曜日） 星期二 xīngqī'èr（火曜日） 星期三 xīngqīsān（水曜日）
星期四 xīngqīsì（木曜日） 星期五 xīngqīwǔ（金曜日） 星期六 xīngqīliù（土曜日）
星期天 / 日 xīngqītiān/rì（日曜日） 今天星期几？ Jīntiān xīngqī jǐ?（今日は何曜日ですか？）

時間帯 早上 zǎoshang（朝） 上午 shàngwǔ（午前） 中午 zhōngwǔ（正午）
下午 xiàwǔ（午後） 晚上 wǎnshang（夜）

時刻 1:00 一点 yī diǎn 2:02 两点零二（分）liǎng diǎn líng èr (fēn)
3:15 三点十五（分）sān diǎn shíwǔ (fēn) ＝三点一刻 sān diǎn yí kè
4:30 四点三十（分）sì diǎn sānshí (fēn) ＝四点半 sì diǎn bàn
5:45 五点四十五（分）wǔ diǎn sìshiwǔ (fēn) ＝五点三刻 wǔ diǎn sān kè
7:58 七点五十八（分）qī diǎn wǔshibā (fēn) ＝差两分八点 chà liǎng fēn bā diǎn
几点几分？ Jǐ diǎn jǐ fēn?

時刻は動詞の前に置く。

確認してみよう！

3 次の文を反復疑問文になおしましょう。

1. 她吃蛋糕吗？ ____________________
2. 你星期天在家吗？ ____________________
3. 你有兄弟姐妹吗？ ____________________

チャレンジ

待ち合わせ場所と時間を決めよう！

準備 右ページの拡張表現を参考にしながらＢ欄の下線部に単語を書き入れて、ペアで練習しましょう。

	A	B
1	我们一起 ……，怎么样？ Wǒmen yìqǐ ……, zěnmeyàng? すること	好啊。 Hǎo a.
2	……你有空儿吗？ 日程・時間 nǐ yǒu kòngr ma?	……。 暇がある 对不起，……。 Duìbuqǐ, 断る
3	你什么时候有时间 / 空儿？ Nǐ shénme shíhou yǒu shíjiān / kòngr?	……。 日程
4	你星期几有空儿？ Nǐ xīngqī jǐ yǒu kòngr?	……。 ある／ない
5	我们几点见面？ Wǒmen jǐ diǎn jiànmiàn?	……。 時間
6	我们在哪儿见面？ Wǒmen zài nǎr jiànmiàn?	……。 集合場所

70 空儿 kòngr（ひま） 对不起 duìbuqǐ（すみません）

 拡張表現

71 ●娯楽・レジャー

 去迪士尼乐园 qù Díshìní lèyuán （ディズニーランドに行く）	 去环球影城 qù Huánqiú yǐngchéng （ユニバーサルスタジオジャパンに行く）	 爬富士山 pá Fùshìshān （富士山に登る）
 去看电影 qù kàn diànyǐng （映画を見に行く）	 去唱卡拉OK qù chàng kǎlā OK （カラオケに行く）	 去买东西 qù mǎi dōngxi （買い物に行く）

第5課 レストラン

会話　単語　文法　チャレンジ

［到達目標］ ☑ レストランで食べたい物、飲みたい物を注文することができる

中国 中国に留学中の鈴木美香（Língmù Měixiāng）さんは、レストランでボーイフレンド（男朋友 nán péngyou）の張力（Zhāng Lì）さんとメニューを見ながら、何を注文するか相談しています。

72

张力： 这 是 菜单。今天 你 想 吃 什么？
Zhè shì càidān. Jīntiān nǐ xiǎng chī shénme?

铃木： 我 想 尝尝 这里 的 青椒肉丝 和 麻婆豆腐。
Wǒ xiǎng chángchang zhèli de qīngjiāo ròusī hé mápó dòufu.

张力： 好，饮料 呢？你 喝 可乐 还是 喝 雪碧？
Hǎo, yǐnliào ne? Nǐ hē kělè háishi hē Xuěbì?

铃木： 我 喝 可乐，你 呢？
Wǒ hē kělè, nǐ ne?

张力： 我 也 要 可乐。来 两 瓶 可乐 吧。
Wǒ yě yào kělè. Lái liǎng píng kělè ba.

铃木： 我们 再 要 一个 炒饭 吧。
Wǒmen zài yào yí ge chǎofàn ba.

+α プラスアルファ

① **呼びかけ方**

レストランで店員を呼ぶ時は、“服务员 fúwùyuán”を使うのが一般的です。街なかで見知らぬ人に声をかける時は“你好 nǐ hǎo”、“请问 qǐngwèn”、“不好意思 bù hǎo yìsi”などが使えます。相手が男性なら“先生 xiānsheng”、女性なら“女士 nǚshì”と呼びかけることもできます。

② **動詞の重ね型**

同じ動詞を重ねることで「ちょっと～する／試しに～してみる」という意味を表します。

一音節動詞→ AA、A 一 A　“等等 děngdeng”、“等一等 děng yi děng”
二音節動詞→ ABAB　“学习学习 xuéxíxuexi”、“休息休息 xiūxixiuxi”

※動詞の後に“一下 yíxià”をつけても「ちょっと～する」の意味になります。
例：“等一下 děng yíxià”

73

会話

菜单	càidān	名 メニュー
想	xiǎng	助動 ～したい
尝	cháng	動 味わう
青椒肉丝	qīngjiāo ròusī	名 チンジャオロース
还是	háishi	接 それとも
麻婆豆腐	mápó dòufu	名 マーボー豆腐
饮料	yǐnliào	名 飲料
可乐	kělè	名 コーラ
雪碧	Xuěbìe	名 スプライト
呢	ne	助 ～は
要	yào	助動 ～したい
来	lái	動 よこす、こさせる（→注文する）
再	zài	副 さらに、再び、もう

※文法ポイントの❹量詞の単語もチェック！

文法

饺子	jiǎozi	名 餃子
炒饭	chǎofàn	名 チャーハン
打算	dǎsuàn	動 ～するつもりだ
明年	míngnián	名 来年
《你的名字。》	Nǐ de míngzi	名 （映画名）『君の名は。』
喜欢	xǐhuan	動 好きだ

コラム 「はい。」に相当する表現

中国語にはいろいろな「はい」があります。出席をとるときの「はい」は、“到 dào”（席についている）、指示や依頼されて承諾するときの「はい」は、“好 hǎo”（了解）、相手の言っていることに同意するときは、“对 duì”（その通りだ）を使います。そのほか、以下のような相づちがあります。

对。Duì.（うん、そう。）
是吗？ Shì ma?（そうなの？／そうなんだ。）
什么？ Shénme?（なんだって？）
为什么？ Wèi shénme?（どうして？）
真的。Zhēn de.（ほんとだよ。）
那倒是。Nà dàoshì.（それもそうだね。）

嗯。Ng.（うん。）
好。Hǎo. ／ 好的。Hǎo de.（分かった。）
明白了。Míngbai le.（分かった。）
行。Xíng.（いいよ。）
没问题。Méi wèntí.（問題ないよ。）
不会吧。Bú huì ba.（ありえないでしょ。）

1 選択疑問文

74

A＋“还是”＋B? の形で「A ですか、それとも B ですか」とどちらを選ぶかを問う疑問文。

A: 你吃饺子还是吃炒饭？
Nǐ chī jiǎozi háishi chī chǎofàn?

B: 我吃炒饭。
Wǒ chī chǎofàn.

A: 你是中国人还是日本人？
Nǐ shì Zhōngguórén háishi Rìběnrén?

B: 我是日本人。
Wǒ shì Rìběnrén.

A: 你打算今年去还是明年去？
Nǐ dǎsuàn jīnnián qù háishi míngnián qù?

B: 我打算明年去。
Wǒ dǎsuàn míngnián qù.

文末に“吗”をつけない。

2 願望を表す助動詞“想”、意志を表す助動詞“要”

75

助動詞は動詞の前に置く。否定形は助動詞の前に“不”を置く。

肯定：“想 / 要”＋ 動詞　　否定：“不想”＋ 動詞

A: 你想看什么电影？
Nǐ xiǎng kàn shénme diànyǐng?

B: 我想看《你的名字。》。
Wǒ xiǎng kàn « Nǐ de míngzi. ».

A: 你要喝咖啡吗？
Nǐ yào hē kāfēi ma?

B: 我不想喝。
Wǒ bù xiǎng hē.

3 省略疑問文 ──「～は？」

76

名詞句の後ろにつけて、前の部分で述べたことと同様のことを尋ねる疑問文。単独で現れた場合は人やモノの所在を尋ねる。

A: 我喜欢看书，你呢？
Wǒ xǐhuan kàn shū, nǐ ne?

B: 我也喜欢看。
Wǒ yě xǐhuan kàn.

A: 我的手机呢？
Wǒ de shǒujī ne?

B: 你的手机在这儿。
Nǐ de shǒujī zài zhèr.

確認してみよう！

1 次の単語を使って選択疑問文を作りましょう。

1. あなた　1年生　2年生　＿＿＿＿＿＿＿＿＿＿
2. 彼女　来る　土曜日　日曜日　＿＿＿＿＿＿＿＿＿＿

2 次の文を中国語に訳しましょう。

1. あなたはどこに行きたいですか。　＿＿＿＿＿＿＿＿＿＿
2. あなたは何を勉強したいですか。　＿＿＿＿＿＿＿＿＿＿

4 量詞

77

数詞 + 量詞 + 名詞：一个人，两个苹果

指示代名詞 + 数詞 + 量詞 + 名詞：这张票，这两张票

量詞	説明	例
个 ge	広く人やものを数える	人（人），苹果（リンゴ） rén　píngguǒ
本 běn	本を数える	书（本），杂志（雑誌），小说（小説） shū　zázhì　xiǎoshuō
张 zhāng	平面の物を数える	床（ベッド），桌子（机），照片（写真），票（チケット） chuáng　zhuōzi　zhàopiàn　piào
把 bǎ	取っ手のあるものを数える	伞（傘），椅子（イス） sǎn　yǐzi
件 jiàn	衣類や事柄を数える	衣服（服），事（用事） yīfu　shì
辆 liàng	車を数える	车（乗物），汽车（車），自行车（自転車） chē　qìchē　zìxíngchē
双 shuāng	対になっているものを数える	眼睛（目），手（手），鞋（靴） yǎnjing　shǒu　xié
台 tái	機械を数える	电脑（パソコン），相机（カメラ） diànnǎo　xiàngjī
只 zhī	動物を数える	猫（猫），狗（犬） māo　gǒu
枝 zhī	棒状のものを数える	笔（ペン），烟（タバコ） bǐ　yān
条 tiáo	細長いものを数える	鱼（魚），裤子（ズボン），裙子（スカート） yú　kùzi　qúnzi
杯 bēi	コップに入っているものを数える	茶（茶），水（水），咖啡（コーヒー） chá　shuǐ　kāfēi
瓶 píng	瓶に入っているものを数える	矿泉水（ミネラルウォーター），啤酒（ビール） kuàngquánshuǐ　píjiǔ
家 jiā	商店や企業を数える	公司（会社），商店（商店），书店（書店） gōngsī　shāngdiàn　shūdiàn

“那些书 nèixiē shū”（あれらの本）第2課ポイント❷を参照

確認してみよう！

❸ 次のピンインを中国語になおし、日本語に訳しましょう。

1. Wǒ chī chǎofàn, nǐmen ne? ＿＿＿＿＿＿＿＿

2. Tā de diànnǎo ne? ＿＿＿＿＿＿＿＿

❹ 次のフレーズを中国語に訳しましょう。

リンゴ9個 ＿＿＿＿＿＿　6杯の水 ＿＿＿＿＿＿

このズボン ＿＿＿＿＿＿　あの2台の自転車 ＿＿＿＿＿＿

チャレンジ

中華料理店でメニューを見ながら料理を注文してみよう。

準備 右ページの拡張表現を参考にしながら下線部に単語を書き入れて、ペアで練習しましょう。

	A	B
1	你们要吃点儿什么？ Nǐmen yào chī diǎnr shénme?	要一个＿＿＿＿、一个＿＿＿＿。 Yào yí
2	饮料来点儿什么？ Yǐnliào lái diǎnr shénme?	要一杯＿＿＿＿、一杯＿＿＿＿。 Yào yì
3	这儿的招牌菜是什么？ Zhèr de zhāopáicài shì shénme?	＿＿＿＿＿＿＿＿。
4	你们吃米饭还是吃面条？ Nǐmen chī mǐfàn háishi chī miàntiáo?	＿＿＿＿＿＿＿＿。
5	你要几杯 / 几碗？ Nǐ yào jǐ bēi / jǐ wǎn?	＿＿＿＿＿＿＿＿。
6	一共＿＿＿＿块， Yígòng kuài, 现金还是刷卡？ Xiànjīn háishi shuā kǎ?	＿＿＿＿＿＿＿＿。

78 (一)点 (yì)diǎnr（少し） 招牌菜 zhāopáicài（看板料理） 米饭 mǐfàn（ご飯）
面条 miàntiáo（麺） 碗 wǎn（(碗を単位として数える)～碗） 一共 yígòng（全部で）
块 kuài（(中国の通貨単位)元） 现金 xiànjīn（現金） 刷卡 shuā kǎ（カードで払う）

拡張表現

79 ●メニュー

凉菜 liángcài

皮蛋豆腐 pídàn dòufu　12 元（份）
（ピータン豆腐）

棒棒鸡 bàngbàngjī　25 元（份）
（バンバンジー）

热菜 rècài

炒空心菜　12 元（份）
chǎo kōngxīncài
（空心菜の炒め物）

西红柿炒蛋　17 元（份）
xīhóngshì chǎo dàn
（トマトと卵の炒め物）

回锅肉 huíguōròu　27 元（份）
（ホイコーロー）

麻婆豆腐 mápó dòufu　15 元（份）
（マーボー豆腐）

青椒肉丝 qīngjiāo ròusī　24 元（份）
（チンジャオロース）

北京烤鸭　230 元（只）
Běijīng kǎoyā
（北京ダック）

宫保鸡丁　23 元（份）
gōngbǎo jīdīng
（カシューナッツと鶏肉の炒め物）

汤类 tāng lèi

酸辣汤 suānlàtāng　14 元（碗）
（サンラータン）

玉米汤 yùmǐtāng　15 元（碗）
（コーンスープ）

点心类 diǎnxin lèi

小笼包 xiǎolóngbāo　25 元（笼）
（ショーロンポー）

水饺 shuǐjiǎo　40 元（斤）
（水餃子）

米饭 mǐfàn　3 元（碗）
（ごはん）

什锦炒饭 shíjǐn chǎofàn　15 元（份）
（五目チャーハン）

饮料 yǐnliào

可乐 kělè　5 元（罐）
（コーラ）

橙汁 chéngzhī　6 元（瓶）
（オレンジジュース）

矿泉水 kuàngquánshuǐ　5 元（瓶）
（ミネラルウォーター）

乌龙茶 wūlóngchá　15 元（壶）
（ウーロン茶）

啤酒 píjiǔ　6 元（瓶）
（ビール）

80 ワンポイント ―― レストランで使う表現

请给我菜单。	Qǐng gěi wǒ càidān.	（メニューをください。）
你有没有推荐的菜？	Nǐ yǒu méiyou tuījiàn de cài?	（おすすめの料理はありますか。）
我要点菜。	Wǒ yào diǎncài.	（料理を注文します。）
辣不辣？	Là bu là?	（辛くないですか。）
买单。/ 结账。	Mǎidān. / Jiézhàng.	（お勘定お願いします。）
我们点的菜还没上呢。	Wǒmen diǎn de cài hái méi shàng ne.	（注文した料理がまだ来ていません。）
服务员，打包！	Fúwùyuán, dǎbāo!	（店員さん、持ち帰りで。）

第6課 買い物

会話
単語
文法
チャレンジ

【到達目標】
- ☑ 買いたい物を伝えることができる
- ☑ 価格を尋ね、交渉することができる

中国 ショッピングが好きな鈴木さん、今日は洋服を買いに行きました。気に入った服がお手頃価格で買えるでしょうか。

81

店员：欢迎 光临，您 想 看 点 什么？
Huānyíng guānglín, nín xiǎng kàn diǎn shénme?

铃木：我 想 买 一 件 衬衫。
Wǒ xiǎng mǎi yí jiàn chènshān.

店员：这些 都 是 新款。
Zhèixiē dōu shì xīnkuǎn.

铃木：这 件 很 好看，
Zhèi jiàn hěn hǎokàn,

有 比 这 件 大 一点儿 的 吗？
yǒu bǐ zhèi jiàn dà yìdiǎnr de ma?

店员：有，你 看看 这 件 怎么样？
Yǒu, nǐ kànkan zhèi jiàn zěnmeyàng?

铃木：这 件 很 合适，多少钱？
Zhèi jiàn hěn héshì, duōshao qián?

店员：二百 块，今天 有 优惠，可以 打 八 折。
Èrbǎi kuài, jīntiān yǒu yōuhuì, kěyǐ dǎ bā zhé.

铃木：太 好 了，我 就 买 这 件。
Tài hǎo le, wǒ jiù mǎi zhèi jiàn.

+α プラスアルファ

① 程度副詞の使い方

形容詞の前に副詞の“最 zuì”“非常 fēicháng”“真 zhēn”“太 tài”“很 hěn”“不太 bú tài”などをつけて程度を表します。しかし比較文ではこれらの副詞を使うことはできず、“今天比昨天还热。Jīntiān bǐ zuótiān hái rè.”（今日は昨日よりもっと暑い）のように副詞“还 hái”“更 gèng”を形容詞の前につけたり、“今天比昨天冷得多。Jīntiān bǐ zuótiān lěng de duō.”（今日は昨日よりずっと寒い）“今天比昨天冷一点儿。Jīntiān bǐ zuótiān lěng yìdiǎnr.”（今日は昨日より少し寒い）のように形容詞の後ろに“～得多 de duō”や“一点儿 yìdiǎnr”をつけます。

82

会話

店员	diànyuán	名 店員
欢迎光临	huānyíng guānglín	いらっしゃいませ
衬衫	chènshān	名 シャツ
新款	xīnkuǎn	名 新作、新型の
(一)点儿	(yì)diǎnr	数量 (形容詞の後に用い) 少し
很	hěn	副 とても
好看	hǎokàn	形 (見た目が) きれいだ
比	bǐ	前 ～より、～に比べて
大	dà	形 大きい、年上である
合适	héshì	形 ちょうどよい、似合う
多少钱	duōshao qián	いくら
～块	kuài	量 (中国の通貨単位) 元
优惠	yōuhuì	形 優遇する、優先の
打折	dǎ//zhé	動 割引する
太	tài	副 あまりにも～
就	jiù	副 (前の文を受けて) それなら
但是	dànshì	接続 しかし
颜色	yánsè	名 色
跟	gēn	前 ～と
一样	yíyàng	形 同じ
热	rè	形 暑い、熱い
这么	zhème	代 こんなに
能	néng	助動 (能力・条件があり) ～できる
跑	pǎo	動 走る
～公里	gōnglǐ	量 キロメートル
全程马拉松	quánchéng mǎlāsōng	名 フルマラソン
可以	kěyǐ	助動 (許可されて) ～できる
打电话	dǎ diànhuà	動+目 電話をかける

文法

贵	guì	形 (値段が) 高い
冷	lěng	形 寒い
好吃	hǎochī	形 おいしい (固形物)
百	bǎi	数 百
千	qiān	数 千
万	wàn	数 万
香蕉	xiāngjiāo	名 バナナ
～度	dù	量 度
游	yóu	動 泳ぐ
照相	zhào//xiàng	動 写真を撮る
中文	Zhōngwén	名 中国語
报纸	bàozhǐ	名 新聞

+α プラスアルファ

② お金の単位

お金の単位を表す言葉は「話し言葉」と「書き言葉」で異なります。

話し言葉	块 kuài	毛 máo	分 fēn
書き言葉	元 yuán	角 jiǎo	

1 元 = 10 角 = 100 分　十八块 shíbā kuài / 三十八块五(毛) sānshibā kuài wǔ (máo)

会話 単語 文法 チャレンジ

1 形容詞述語文

83

人や物の性質や状態を表現する。

肯定：主語 ＋"很"etc. ＋ 形容詞（描写）／ 主語 ＋ 形容詞（対比）

否定：主語 ＋"不"＋ 形容詞

疑問：主語 ＋ 形容詞 ＋"吗"？／ 主語 ＋ 形容詞 ＋"不"＋ 形容詞？

A: 这台电脑贵吗？
Zhèi tái diànnǎo guì ma?

B: 很贵。
Hěn guì.

A: 今天冷吗？
Jīntiān lěng ma?

B: 今天不冷。
Jīntiān bù lěng.

A: 哪个好吃？
Něige hǎochī?

B: 这个好吃，那个不好吃。
Zhèige hǎochī, nèige bù hǎochī.

※中国語の形容詞述語文は"是"を使わない。

2 比較 ──「A は B より … だ」

84

A ＋"比"＋ B ＋ 形容詞 ＋《比べた差》　（A は B より《どれだけ》… だ。）

A ＋"没有"＋ B ＋（这么／那么）＋ 形容詞　（A は B ほど … でない。）

A ＋"跟"＋ B ＋"一样"＋ 形容詞　（A は B と同じぐらい … だ。）

A: 你比山田大吗？
Nǐ bǐ Shāntián dà ma?

B: 我比他大两岁。
Wǒ bǐ tā dà liǎng suì.

A: 这件衣服没有那件贵。
Zhèi jiàn yīfu méiyou nèi jiàn guì.

B: 但是颜色不好看。
Dànshì yánsè bù hǎokàn.

A: 明天跟今天一样热吗？
Míngtiān gēn jīntiān yíyàng rè ma?

B: 不，明天没有今天这么热。
Bù, míngtiān méiyou jīntiān zhème rè.

確認してみよう！

1 次の文を中国語に訳しましょう。

1. このリンゴは美味しい。 ____________________
2. 今日は暑いけど、明日は？ ____________________
3. どのパソコンが高いですか？ ____________________

2 比較の表現を使って中国語に訳しましょう。

1. リンゴ 20 元　バナナ 30 元 ____________________
2. 私 20 歳　あなた 22 歳 ____________________
3. 今日 30 度　明日 30 度 ____________________

3 助動詞 "能・可以" cf. 第 8 課ポイント❶ "会"

85

能力や条件が整っていて「できる」を表す "能 néng"、許可されて「できる」を表す "可以 kěyǐ"。

A: 你能跑十公里吗？
Nǐ néng pǎo shí gōnglǐ ma?

B: 能，我能跑全程马拉松。
Néng, wǒ néng pǎo quánchéng mǎlāsōng.

A: 星期天你能来我家吗？
Xīngqītiān nǐ néng lái wǒ jiā ma?

B: 我有事，不能去。
Wǒ yǒu shì, bù néng qù.

A: 现在可以打电话吗？
Xiànzài kěyǐ dǎ diànhuà ma?

B: 现在不能打电话。
Xiànzài bù néng dǎ diànhuà.

4 100 以上の数字

86

100	一百	yìbǎi
110	一百一（十）	yìbǎi yī(shí)
1000	一千	yìqiān
1010	一千零一十	yìqiān líng yīshí
1200	一千二（百）	yìqiān èr (bǎi)
2200	两千二（百）	liǎngqiān èr (bǎi)
101	一百零一	yìbǎi líng yī
200	二百 èrbǎi / 两百 liǎngbǎi	
1001	一千零一	yìqiān líng yī
1100	一千一（百）	yìqiān yī (bǎi)
2000	两千	liǎngqiān
10000	一万	yí wàn
10001	一万零一	yí wàn líng yī
10101	一万零一百零一	yí wàn líng yìbǎi líng yī
22000	两万二	liǎng wàn èr
	两万两千	liǎng wàn liǎng qiān

確認してみよう！

❸ （　）に "能" か "可以" を入れて、日本語に訳しましょう。

1. 他（　　）游一公里。 ____________________
2. 这儿（　　）照相吗？ ____________________
3. 你（　　）看中文报纸吗？ ____________________

❹ 次の算用数字を漢数字にしましょう。

817 ____________________
308 ____________________
5351 ____________________
23000 ____________________

チャレンジ

お店で服を買ってみよう。

準備 右ページの拡張表現を参考にしながら下線部に単語を書き入れて、ペアで練習しましょう。

	A	B
1	有大一点儿 / 小一点儿的吗？ Yǒu dà yìdiǎnr / xiǎo yìdiǎnr de ma?	有，你试试这 ……………。 Yǒu, nǐ shìshi zhèi 量詞
2	有别的颜色吗？ Yǒu biéde yánsè ma?	有，……………………。 Yǒu, 色 没有，只有一个颜色。 Méiyou, zhǐyǒu yí ge yánsè.
3	这 …………… 多少钱？ Zhèi 量詞 duōshao qián?	…………… 块。 kuài.
4	太贵了，能便宜一点儿吗？ Tài guì le, néng piányi yìdiǎnr ma?	已经打 …………… 折了。 Yǐjīng dǎ zhé le.
5	在哪儿付钱？ Zài nǎr fùqián?	在前面的收银台付钱。 Zài qiánmiàn de shōuyíntái fùqián.

87 小 xiǎo（小さい） 试 shì（試す） 别的 biéde（ほかの） 只 zhǐ（ただ～しかない） 便宜 piányi（安い）
付钱 fùqián（支払う） 前面 qiánmiàn（前方、前） 收银台 shōuyíntái（レジ）

拡張表現

88 ●色

红色	hóngsè	（赤色）	白色	báisè	（白色）
紫色	zǐsè	（紫色）	灰色	huīsè	（灰色）
黄色	huángsè	（黄色）	黑色	hēisè	（黒色）
棕色	zōngsè	（茶色）	金色	jīnsè	（金色）
蓝色	lánsè	（青色）	绿色	lǜsè	（緑色）
粉色	fěnsè	（ピンク色）	银色	yínsè	（銀色）

89 ●サイズ

大号 dàhào（Lサイズ）　中号 zhōnghào（Mサイズ）　小号 xiǎohào（Sサイズ）

90 ●服の種類

运动鞋 yùndòngxié（スニーカー）（双）　皮鞋 píxié（革靴）（双）

围巾 wéijīn（マフラー）（条）

帽子 màozi（帽子）（顶 dǐng）

连衣裙 liányīqún（ワンピース）（件）　大衣 dàyī（コート）（件）　旗袍 qípáo（チャイナドレス）（件）

第7課 道案内

〔到達目標〕 ☑ 目的地までの道を順序よく説明できる

中国 イタリアンが食べたくなった鈴木さん。お目当ての店の場所が分からず通りすがりの人に道を尋ねましたが、果たして無事にたどりつくことができるでしょうか。

91

铃木： 请问，这 附近 有 意大利 餐厅 吗？
Qǐngwèn, zhè fùjìn yǒu Yìdàlì cāntīng ma?

过路人： 前面 地铁站 附近 有 一 家。
Qiánmiàn dìtiězhàn fùjìn yǒu yì jiā.

铃木： 离 这儿 远 不 远？
Lí zhèr yuǎn bu yuǎn?

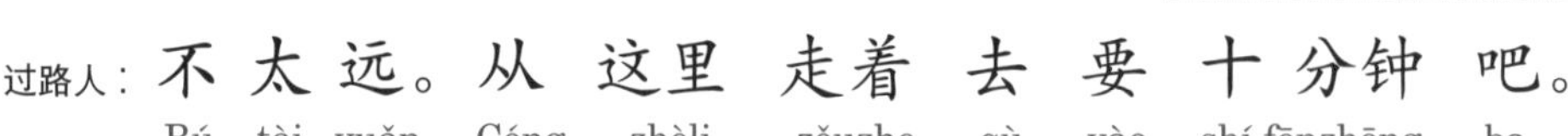

过路人： 不 太 远。从 这里 走着 去 要 十 分钟 吧。
Bú tài yuǎn. Cóng zhèli zǒuzhe qù yào shí fēnzhōng ba.

铃木： 怎么 走？
Zěnme zǒu?

过路人： 你 看见 前面 的 红绿灯 了 吗？
Nǐ kànjiàn qiánmiàn de hónglǜdēng le ma?

铃木： 哦，看见 了。
Ò, kànjiàn le.

过路人： 到 红绿灯 那儿 往 右 拐 就 到 了。
Dào hónglǜdēng nàr wǎng yòu guǎi jiù dào le.

wǎng qián zǒu
往前走

wǎng zuǒ guǎi
往左拐

wǎng yòu guǎi
往右拐

+α プラスアルファ

「歩いて行く」と「(乗り物)で行く」

目的地に行く交通手段を言うときは、[“坐”+ 乗物 +“去”] を使います。ただし自転車のようにまたいで乗るものは“坐”ではなく“骑 qí”を使います(第4課参照)。“坐飞机去 zuò fēijī qù (飛行機)、坐电车去 zuò diànchē qù (電車)、坐地铁去 zuò dìtiě qù (地下鉄)、坐公交车去 zuò gōngjiāochē qù (バス)、骑自行车去 qí zìxíngchē qù (自転車)”。歩いて行くときは“走着去 zǒuzhe qù”あるいは“走路去 zǒulù qù”のように言います。

92

会話

中国語	ピンイン	意味
过路人	guòlùrén	名 通行人
请问	qǐngwèn	おたずねします
附近	fùjìn	名 付近
意大利	Yìdàlì	名 イタリア
餐厅	cāntīng	名 レストラン
地铁站	dìtiězhàn	名 地下鉄の駅
离～	lí	前 ～から、まで
远	yuǎn	形 遠い
不太	bú tài	あまり～ではない
从～	cóng	前 ～から（起点）
到～	dào	前 ～まで（着点）
走着	zǒuzhe	歩きで、歩いて
～分钟	fēnzhōng	量 ～分間
怎么	zěnme	代 どのように
红绿灯	hónglǜdēng	名 信号
哦	ò	感嘆 おおっ
往～	wǎng	前 ～のほうに
拐	guǎi	動 曲がる
到	dào	動 到着する

文法

中国語	ピンイン	意味
～小时	xiǎoshí	量 ～時間
～天	tiān	量 （日数を数える）～日間
～星期	xīngqī	量 （週を数える）～週間
睡	shuì	動 寝る
春节	Chūnjié	名 春節
放假	fàng//jià	動 休みになる
课	kè	名 授業
多长	duō cháng	どれぐらいの長さ
飞机	fēijī	名 飛行機
～左右	zuǒyòu	～ぐらい、前後
走	zǒu	動 歩く、行く
写	xiě	動 書く
报告	bàogào	名 レポート
钱包	qiánbāo	名 財布
找	zhǎo	動 探す
还	hái	副 まだ、さらに
听	tīng	動 聞く
洗	xǐ	動 洗う
近	jìn	形 近い
冰箱	bīngxiāng	名 冷蔵庫
窗户	chuānghu	名 窓

※文法ポイント❸結果補語、❹方位詞②の単語もチェック！

会話
単語
文法
チャレンジ

1 時点と時量

中国語では時点（年月日、曜日、時刻）は動詞の前に、時量（時間の長さ）は動詞の後に置く。

時点 ＋ 動詞 ＋ 時量 ＋ 目的語

93

時点	時量
二分 èr fēn（2分）	两分钟 liǎng fēnzhōng（2分間）
两点半 liǎng diǎn bàn（2時半）	两个半小时 liǎng ge bàn xiǎoshí（2時間半）
二号 èr hào（2日）	两天 liǎng tiān（2日間）
星期二 xīngqī'èr（火曜日）	两个星期 liǎng ge xīngqī（2週間）
二月 èryuè（2月）	两个月 liǎng ge yuè（2か月間）
二〇二〇年 èr líng èr líng nián（2020年）	两年 liǎng nián（2年間）

94

A: 你每天睡几个小时？
Nǐ měi tiān shuì jǐ ge xiǎoshí?

B: 我每天睡七个小时。
Wǒ měi tiān shuì qī ge xiǎoshí.

A: 今年春节放几天假？
Jīnnián Chūnjié fàng jǐ tiān jià?

B: 放七天假。
Fàng qī tiān jià.

2 前置詞“从・到・离”

95

“从 cóng”は出発点（～から）を、“到 dào”は到達点（～まで）を表す。
“离 lí”は二点間の隔たりを表す。

“从”＋ A ＋“到”＋ B ＋ 動詞（目的語）

A ＋“离”＋ B ＋“远／近”

A: 你每天都有课吗？
Nǐ měi tiān dōu yǒu kè ma?

B: 从星期一到星期五都有课。
Cóng xīngqīyī dào xīngqīwǔ dōu yǒu kè.

A: 到北京要多长时间？
Dào Běijīng yào duō cháng shíjiān?

B: 到北京坐飞机要两个半小时左右。
Dào Běijīng zuò fēijī yào liǎng ge bàn xiǎoshí zuǒyòu.

A: 你家离大学远吗？
Nǐ jiā lí dàxué yuǎn ma?

B: 我家离大学很远。
Wǒ jiā lí dàxué hěn yuǎn.

確認してみよう！

1 次の日本語を中国語に訳しましょう。

1. 毎週火曜日3時間半アルバイトをする。 ________________
2. あなたは何時間中国語を勉強しますか。 ________________

2 次の単語を正しい語順に並べ替えましょう。

1. 从 / 我 / 大学 / 到 / 要 / 家 / 一个多小时 /。 ________________
2. 车站 / 很 / 这儿 / 近 / 离 /。 ________________

3 結果補語

96

看完 kànwán（見終わる）、走累 zǒulèi（歩き疲れる）の“完”、“累”のように動詞の後ろについて動作の結果を表すものを結果補語と言う。

肯定：動詞 ＋ 結果補語（動詞·形容詞）　否定：“没”＋ 動詞 ＋ 結果補語（動詞·形容詞）

A: 你写完报告了吗？
Nǐ xiěwán bàogào le ma?

B: 我已经写完了。　（cf. 第8課ポイント❷“了”）
Wǒ yǐjīng xiěwán le.

A: 你的钱包找到了吗？
Nǐ de qiánbāo zhǎodào le ma?

B: 还没找到。
Hái méi zhǎodào.

	結果補語になる動詞	例
V＋	懂 dǒng（分かる）	看懂
	见 jiàn（認識する）	听见
	完 wán（終わる）	吃完
	到 dào（目的の達成）	买到

	結果補語になる形容詞	例
V＋	好 hǎo（よい状態になる）	学好
	累 lèi（疲れている）	走累
	干净 gānjìng（清潔である）	洗干净
	清楚 qīngchu（はっきりする）	听清楚

4 方位詞② （cf. 第3課ポイント❸ 方位詞①）

97

名詞の前後について位置や方角を表す。

“前面的邮局”（前の郵便局）　“邮局（的）前边”（郵便局の前）

	上 shàng	下 xià	里 lǐ	外 wài	前 qián	后 hòu	左 zuǒ	右 yòu
边儿 bianr	上边儿 shàngbianr	下边儿 xiàbianr	里边儿 lǐbianr	外边儿 wàibianr	前边儿 qiánbianr	后边儿 hòubianr	左边儿 zuǒbianr	右边儿 yòubianr
面 miàn	上面 shàngmiàn	下面 xiàmiàn	里面 lǐmiàn	外面 wàimiàn	前面 qiánmiàn	后面 hòumiàn	左面 zuǒmiàn	右面 yòumiàn

	东 dōng	南 nán	西 xī	北 běi	旁 páng	对 duì
边儿 bianr	东边儿 dōngbianr	南边儿 nánbianr	西边儿 xībianr	北边儿 běibianr	旁边儿 pángbiānr（そば）	
面 miàn	东面 dōngmiàn	南面 nánmiàn	西面 xīmiàn	北面 běimiàn		对面 duìmiàn（向かい）

確認してみよう！

❸ 次のフレーズを中国語に訳しましょう。

読み終わる ＿＿＿＿＿＿　食べ疲れる ＿＿＿＿＿＿

聞いて分かる ＿＿＿＿＿＿　買って手に入れる ＿＿＿＿＿＿

❹ 次のフレーズを中国語に訳しましょう。

冷蔵庫の中 ＿＿＿＿＿＿　窓の前 ＿＿＿＿＿＿

郵便局のとなり ＿＿＿＿＿＿　机の上 ＿＿＿＿＿＿

チャレンジ

目的地までの道順を尋ねたり、答えたりしてみよう。

準備 右ページの拡張表現を参考にしながら下線部に単語を書き入れて、ペアで練習しましょう。

	A	B
1	请问，去＿＿＿＿怎么走？ Qǐngwèn, qù ＿＿＿＿ zěnme zǒu?	［这 / 那］条路一直往＿＿＿＿走。 ［Zhè / Nà］tiáo lù yìzhí wǎng ＿＿＿＿ zǒu. 走到前面的路口，往＿＿＿＿拐。 Zǒudào qiánmiàn de lùkǒu, wǎng ＿＿＿＿ guǎi. 一直往前走，看见＿＿＿＿往＿＿＿＿拐。 Yìzhí wǎng qián zǒu, kànjiàn ＿＿＿＿ wǎng ＿＿＿＿ guǎi. 过了两个路口往＿＿＿＿拐。 Guòle liǎng ge lùkǒu wǎng ＿＿＿＿ guǎi. ＿＿＿＿的［旁边 / 左边 / 右边 / 对面］就是。 ＿＿＿＿ de［pángbiān / zuǒbian / yòubian / duìmiàn］jiùshì.
2	离这里远吗？ Lí zhèli yuǎn ma?	＿＿＿＿＿＿＿＿。

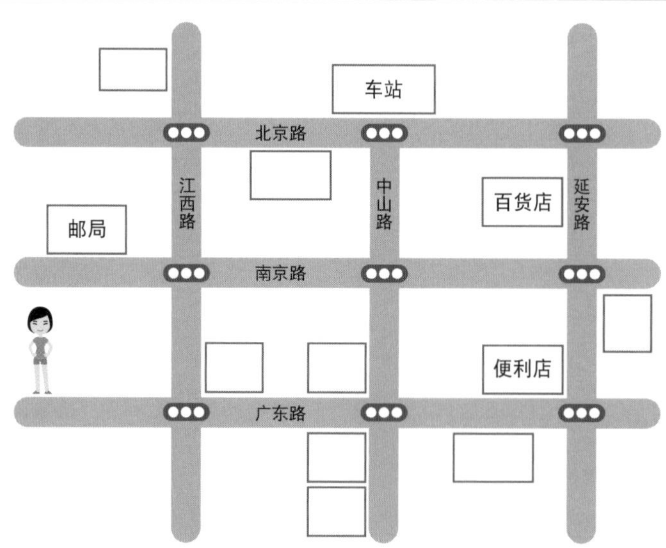

次の目的地までの道のりを上記の表現を使いながら分かりやすく説明してみましょう。

目的地：① 车站　②便利店　③邮局　④百货店　⑤（　　　　）

98 百货店 bǎihuòdiàn（百貨店）　路 lù（道）　一直 yìzhí（まっすぐに）　过 guò（過ぎる）
就是 jiùshì（まさにそうである）

拡張表現

99 ●町にあるもの

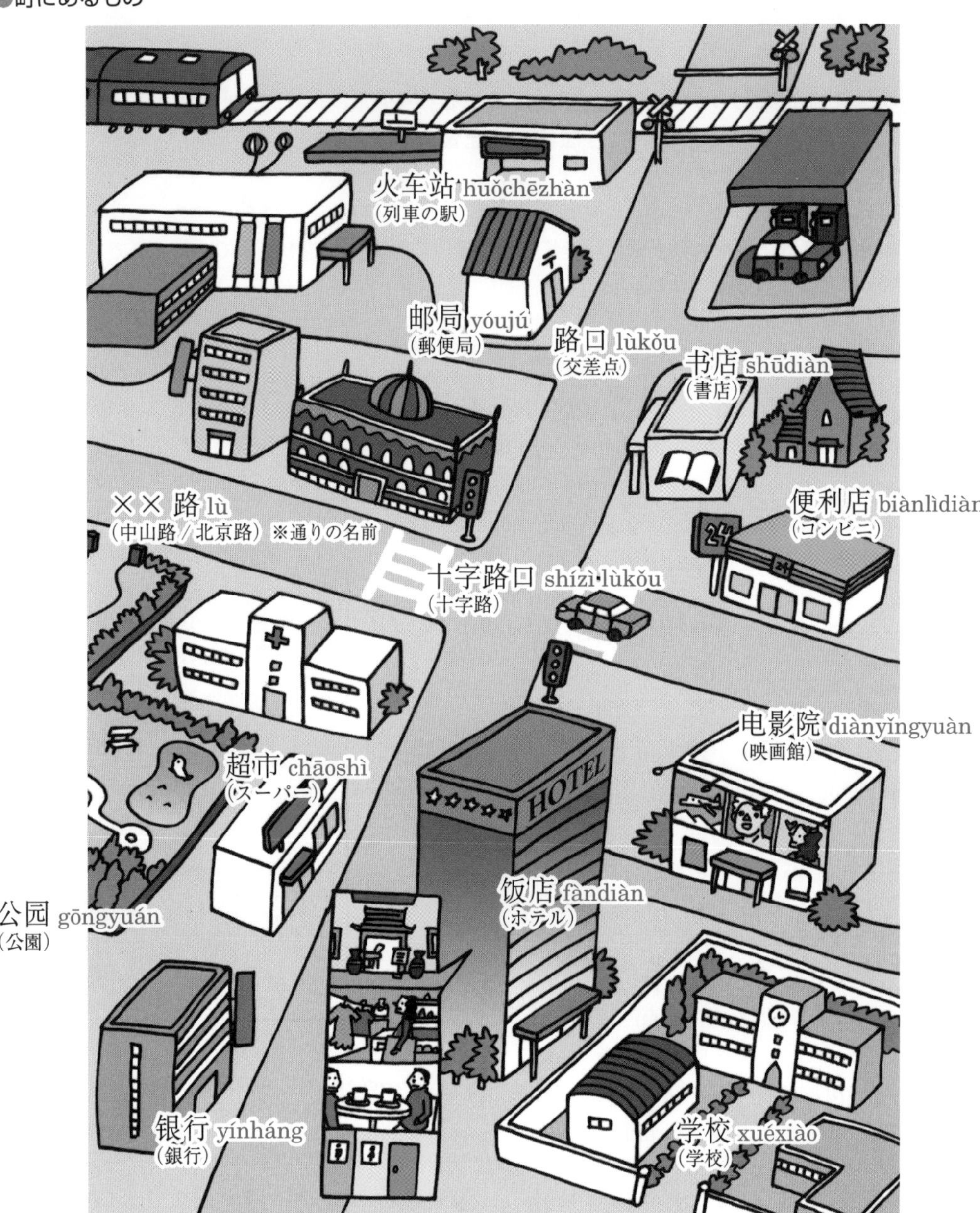

第8課 趣味に関する雑談

会話
単語
文法
チャレンジ

【到達目標】
- ☑ 自分が興味を持っていることを相手に伝えることができる
- ☑ できることやできないことを伝えることができる

日本 世界卓球選手権大会が開幕。李红さんは子供の頃から卓球をやっているようです。彼女の腕前はどうなのでしょうか。

100

李红：昨天 你 看 世界杯 乒乓球 比赛 了 吗？
Zuótiān nǐ kàn shìjièbēi pīngpāngqiú bǐsài le ma?

高桥：没 看。你 看 了 吗？
Méi kàn. Nǐ kàn le ma?

李红：我 看 了。打得 真 精彩。
Wǒ kàn le. Dǎde zhēn jīngcǎi.

高桥：是 吗。你 会 打 乒乓球 吗？
Shì ma. Nǐ huì dǎ pīngpāngqiú ma?

李红：当然 会，从 小学 开始 打，
Dāngrán huì, cóng xiǎoxué kāishǐ dǎ,

已经 打了 十 年 了。
yǐjīng dǎle shí nián le.

高桥：那 你 一定 打得 很 不错 吧？
Nà nǐ yídìng dǎde hěn búcuò ba?

李红：打得 还 可以，你 也 会 打 乒乓球 吗？
Dǎde hái kěyǐ, nǐ yě huì dǎ pīngpāngqiú ma?

高桥：不 太 会。有 时间 你 教 我 打 乒乓球 吧。
Bú tài huì. Yǒu shíjiān nǐ jiāo wǒ dǎ pīngpāngqiú ba.

+α プラスアルファ

① “那”と“那个”

“那 nà”には指示詞としての用法以外に、接続詞（それでは）の用法もあります。“那个 nàge/nèiga”は、指示詞（あれ、あの）のほか、言葉を発する前のつなぎ言葉（ええっと、うーん）としても使います。

101

会話

昨天	zuótiān	名 昨日
世界杯	shìjièbēi	名 ワールドカップ
乒乓球	pīngpāngqiú	名 卓球
比赛	bǐsài	名 試合
了	le	助 (完了)～した
打	dǎ	動 (球技などを)する
真	zhēn	副 本当に
精彩	jīngcǎi	形 すばらしい、見事である
会	huì	助動 (練習や訓練して)できる
当然	dāngrán	副 もちろん、当然である
小学	xiǎoxué	名 小学校
开始	kāishǐ	動 始まる
那	nà	接続 それでは、それなら
一定	yídìng	副 きっと
不错	búcuò	形 なかなか良い
教	jiāo	動 教える

文法

说	shuō	動 話す
游泳	yóu//yǒng	動 泳ぐ
真的	zhēnde	本当に
做菜	zuòcài	動+目 料理を作る
刚才	gāngcái	名 さっき
T恤衫	Txùshān	名 Tシャツ
半年	bàn nián	数量 半年
起	qǐ	動 起きる
得	de	助 (動作の様態・程度を表す補語を導く)
早	zǎo	形 (時間が)早い
班	bān	名 クラス
最	zuì	副 最も
长	zhǎng	動 育つ
漂亮	piàoliang	形 きれいだ、美しい
告诉	gàosu	動 言う、告げる
事情	shìqing	名 こと
给	gěi	動 あげる、くれる
生日	shēngrì	名 誕生日
礼物	lǐwù	名 プレゼント
开车	kāi//chē	動 (車を)運転する
游戏	yóuxì	名 ゲーム
快	kuài	形 (速度が)速い
菜	cài	名 料理
消息	xiāoxi	名 ニュース、知らせ
小	xiǎo	(1字姓の前につけて)～くん、～さん
日语	Rìyǔ	名 日本語

+α プラスアルファ

② 前後のつながりを読む

会話中にある“有时间你教我打乒乓球吧”は、“有时间”と“你教我打乒乓球吧”に分けられ、前節の“有时间”は「時間があれば」のように仮定や条件を表します。他にも“下雨我不去”は「雨が降ったら私は行かない」、“你去我也去”は「あなたが行くなら私も行く」のように解釈します。接続詞などのマーカーがなくても、前後の節の関係を読み取ることが大切です。

1 助動詞“会”(cf. 第6課ポイント❸“能”“可以”)

102

スポーツ、楽器演奏、語学など、練習や訓練をして「できる」技能について言う。

肯定:“会”+ 動詞 + 目的語　否定:“不会”+ 動詞 + 目的語

A: 你会说汉语吗？
Nǐ huì shuō Hànyǔ ma?

B: 我会。
Wǒ huì.

A: 你会游泳吗？
Nǐ huì yóuyǒng ma?

B: 我会一点儿。
Wǒ huì yìdiǎnr.

A: 他真的会做菜？
Tā zhēn de huì zuò cài?

B: 他很会做菜。
Tā hěn huì zuò cài.

“会”は助動詞「～することができる」と動詞「できる」の2つの用法がある。

2 アスペクト助詞“了”——動作の完了

103

動詞の後ろの“了”は動作の完了を表す。

動詞 +(目的語)+“了”　動詞 +“了”+ 数量 + 目的語

A: 比赛已经开始了吗？
Bǐsài yǐjīng kāishǐ le ma?

B: 还没开始。
Hái méi kāishǐ.

A: 你刚才买了几件衣服？
Nǐ gāngcái mǎile jǐ jiàn yīfu?

B: 我买了两件 T 恤衫。
Wǒ mǎile liǎng jiàn T xùshān.

動詞 +“了”+ 時間量 + 目的語 +“了”

※文末の“了”(cf. 第3課ポイント❺文末助詞の“了”)は今まさにそういう状態になったことを表し、現在との関わりがあることを示す。

A: 你学了几年汉语了？
Nǐ xuéle jǐ nián Hànyǔ le?

B: 我学了半年汉语了。
Wǒ xuéle bàn nián Hànyǔ le.

確認してみよう！

1 “会 / 能 / 可以”のいずれかを(　)に入れましょう。

1. (1ヶ月勉強して)　你(　　)说汉语吗?
2. (お酒を飲んで)　我今天不(　　)开车。
3. (許可されて)　这儿(　　)游泳。

2 次の単語を正しい語順に並べ替えましょう。

1. 毛衣 / 我 / 了 / 昨天 / 买 / 两件 / 。 ＿＿＿＿＿＿＿＿＿＿
2. 了 / 了 / 游戏 / 几个小时 / 你 / 玩儿 / ? ＿＿＿＿＿＿＿＿＿＿

3 様態補語 ──「～するのが … だ」

104

動作の様態やその程度を［動詞＋“得”＋形容詞（句）］の形で説明する。

目的語なし：動詞 ＋“得”＋ 形容詞フレーズ

目的語あり：（動詞）＋ 目的語 ＋ 動詞 ＋“得”＋ 形容詞フレーズ

A: 你每天起得早吗？
Nǐ měi tiān qǐde zǎo ma?

B: 我每天起得不太早。
Wǒ měi tiān qǐde bú tài zǎo.

A: 他说汉语说得怎么样？
Tā shuō Hànyǔ shuōde zěnmeyàng?

B: 他在我们班里说得最好。
Tā zài wǒmen bān li shuōde zuì hǎo.

A: 他妹妹长得漂亮吗？
Tā mèimei zhǎngde piàoliang ma?

B: 他妹妹长得很漂亮。
Tā mèimei zhǎngde hěn piàoliang.

4 二重目的語をとる動詞

105

“教”、“告诉”、“给”などの動詞は「人」＋「コト・モノ」の語順で二重目的語文を作る。

A: 谁教你们汉语？
Shéi jiāo nǐmen Hànyǔ?

B: 李老师教我们汉语。
Lǐ lǎoshī jiāo wǒmen Hànyǔ.

A: 他告诉了我一件事情。
Tā gàosule wǒ yí jiàn shìqing.

B: 什么事情？
Shénme shìqing?

A: 我给了他一个生日礼物。
Wǒ gěile tā yí ge shēngrì lǐwù.

B: 他喜欢吗？
Tā xǐhuan ma?

確認してみよう！

3 次のフレーズを様態補語を使って中国語に訳しましょう。

1. 起きるのが早い ________
2. 走るのが一番速い ________
3. 話すのが本当に上手だ ________
4. 料理が下手 ________

4 次の単語に適切な動詞を加えて二重目的語文を作り、更に日本語に訳しましょう。

1. 我，你，一个，好消息 ________
2. 他，小张，日语 ________

チャレンジ

趣味について話したり、どれぐらいできるか聞いてみよう。

準備 右ページの拡張表現を参考にしながら下線部に単語を書き入れて、ペアで練習しましょう。

	A	B
1	你会 ＿＿＿＿ 吗？ Nǐ huì ＿＿＿＿ ma?	我会 ＿＿＿＿。 Wǒ huì 我不会 ＿＿＿＿。 Wǒ bú huì
2	你学了几年 ＿＿＿＿ 了？ Nǐ xuéle jǐ nián ＿＿＿＿ le?	我学了 ＿＿＿＿ 年 ＿＿＿＿ 了。 Wǒ xuéle ＿＿＿＿ nián ＿＿＿＿ le.
3	你喜欢做什么？ Nǐ xǐhuan zuò shénme?	我喜欢 ＿＿＿＿。 Wǒ xǐhuan
4	相手を褒める 你 ＿＿＿＿ 得真好。 Nǐ ＿＿＿＿ de zhēn hǎo.	过奖了。 Guòjiǎng le. 哪里哪里，还差得远呢。 Nǎli nǎli, hái chàde yuǎn ne.
5	相手にレベルを尋ねる 你说汉语说得怎么样？ Nǐ shuō Hànyǔ shuōde zěnmeyàng?	我 ＿＿＿＿。 Wǒ
6	誰に教わっているかを尋ねる 谁教你们汉语？ Shéi jiāo nǐmen Hànyǔ?	＿＿＿＿ 教我们汉语。 jiāo wǒmen Hànyǔ.

106 做 zuò（する） 过奖 guòjiǎng（ほめ過ぎである） 差 chà（差がある）

拡張表現

107 ●スポーツと趣味

 踢足球 tī zúqiú （サッカーをする）	 打网球 dǎ wǎngqiú （テニスをする）	 打棒球 dǎ bàngqiú （野球をする）
 打篮球 dǎ lánqiú （バスケットボールをする）	 打乒乓球 dǎ pīngpāngqiú （卓球をする）	 游泳 yóu//yǒng （泳ぐ）
 滑雪 huá//xuě （スキーをする）	 滑冰 huá//bīng （スケートをする）	 听音乐 tīng yīnyuè （音楽を聞く）
 唱歌 chàng gē （歌を歌う）	 看电影 kàn diànyǐng （映画を見る）	 跳舞 tiào//wǔ （踊る）
 照相 zhào//xiàng （写真を撮る）	 画画儿 huà huàr （絵を描く）	 看书 kàn shū （本を読む）
 弹钢琴 tán gāngqín （ピアノを弾く）	 弹吉他 tán jítā （ギターを弾く）	 旅游 lǚyóu （旅行する）
 看动漫 kàn dòngmàn （アニメを見る）	 买东西 mǎi dōngxi （買い物をする）	 玩儿游戏 wánr yóuxì （ゲームをする）

第9課 旅行の計画

到達目標
- ☑ 行ったことがある、ないを伝えることができる
- ☑ 旅行の計画を立てることができる

日本 中国の雲南省に行こうとガイドブックを見ながら旅行計画を立てている高橋さん。そこに李红さんがやって来ました。

108

李红：高桥，你 在 做 什么 呢？
Gāoqiáo, nǐ zài zuò shénme ne?

高桥：我 在 看 云南 的 旅游 攻略 呢。你 去过 云南 吗？
Wǒ zài kàn Yúnnán de lǚyóu gōnglüè ne. Nǐ qùguo Yúnnán ma?

李红：我 去过 两 次。云南 风景 特别 美！
Wǒ qùguo liǎng cì. Yúnnán fēngjǐng tèbié měi!

高桥：我 还 没 去过。
Wǒ hái méi qùguo.

不过，我 对 云南 的 风俗 习惯 很 感 兴趣。
Búguò, wǒ duì Yúnnán de fēngsú xíguàn hěn gǎn xìngqù.

李红：我 也 是，云南 有 很 多 少数 民族。
Wǒ yě shì, Yúnnán yǒu hěn duō shǎoshù mínzú.

高桥：你 在 云南 有 朋友 吗？
Nǐ zài Yúnnán yǒu péngyou ma?

李红：我 有 一个 同学，他 在 昆明 读书。
Wǒ yǒu yí ge tóngxué, tā zài Kūnmíng dúshū.

我 告诉 你 他 的 手机号 吧。
wǒ gàosu nǐ tā de shǒujīhào ba.

高桥：太 谢谢 了，有 问题 我 就 跟 他 联系。
Tài xièxie le, yǒu wèntí wǒ jiù gēn tā liánxì.

+α プラスアルファ

① 電話番号の言い方

電話番号を伝えるときは、“我的手机号是 136-0123-4567 Wǒ de shǒujīhào shì yāo sān liù líng yāo èr sān sì wǔ liù qī.”のように言います。電話番号や部屋番号など、羅列した数字を言うときには、“一 yī”を yāo と発音しますが、それは、“七 qī”との聞き間違いを避けるためです。

会話

在	zài	副 ～している
呢	ne	助 ～している
云南	Yúnnán	名 （地名）雲南
旅游攻略	lǚyóu gōnglüè	名 旅行ガイド
过	guo	助 ～したことがある
风景	fēngjǐng	名 風景
特别	tèbié	副 特に
美	měi	形 美しい
不过	búguò	接続 ただ、しかし
对～	duì	前 ～に（対して）
风俗	fēngsú	名 風俗、風習
习惯	xíguàn	名 習慣
感兴趣	gǎn xìngqù	動+目 興味がある
少数民族	shǎoshù mínzú	名 少数民族
朋友	péngyou	名 友達
同学	tóngxué	名 クラスメート
昆明	Kūnmíng	名 （地名）昆明
读书	dú//shū	動 勉強する、読書する
手机号	shǒujīhào	名 携帯電話の番号
问题	wèntí	名 問題、質問
联系	liánxì	動 連絡する

文法

干	gàn	動 （“干什么”の形式で使う）する
电视	diànshì	名 テレビ
正	zhèng	副 ちょうど、正に
用	yòng	動 前 使う /…で（手段）
图书馆	túshūguǎn	名 図書館
北京烤鸭	Běijīng kǎoyā	名 北京ダック
爬	pá	動 登る
～次	cì	量 ～回
富士山	Fùshìshān	名 富士山
冬天	dōngtiān	名 冬
忙	máng	形 忙しい
～死（了）	sǐ(le)	程度が甚だしいことを表す
哇	wa	感嘆 わあ、ワー
上海	Shànghǎi	名 上海
热闹	rènao	形 にぎやかである
多	duō	形 多い
给～	gěi	前 ～に、～のために
女儿	nǚ' ér	名 むすめ
做	zuò	動 する
作业	zuòyè	名 宿題
《三国演义》	Sānguó yǎnyì	名『三国志演義』
小笼包	xiǎolóngbāo	名 ショウロンポー
肚子	dùzi	名 お腹
疼	téng	形 痛い
意见	yìjian	名 意見

+α プラスアルファ

② 範囲と回数

“一天 yì tiān”（一日）、“一个星期 yí ge xīngqī”（一週間）などの時量を表す表現は、動詞の後に置きますが、それは動作が続く時間の長さを表す場合です（第7課参考）。「一日に（3回）」「一週間に（2回）」などのように動作が行われる範囲を指定する場合は、動詞の前に置きます。例：一天吃三次药。Yì tiān chī sān cì yào.（一日に3回薬を飲む）、一个星期打两次工。Yí ge xīngqī dǎ liǎng cì gōng.（一週間に2回アルバイトをする）

1 進行を表す“在”

110

動作の進行は“在”を動詞の前に用いて表す。副詞“正”や文末助詞の“呢”と共に用いることもある。

肯定：“（正）在” ＋ 動詞 ＋ 目的語 ＋（“呢”）

否定：“没（在）” ＋ 動詞 ＋ 目的語

疑問：“（正）在” ＋ 動詞 ＋ 目的語 ＋“吗”？

A: 现在你在干什么呢？
Xiànzài nǐ zài gàn shénme ne?

B: 我在看电视呢。
Wǒ zài kàn diànshì ne.

A: 你正在用电脑吗？
Nǐ zhèngzài yòng diànnǎo ma?

B: 没有，你用吧。
Méiyou, nǐ yòng ba.

A: 你在哪儿？
Nǐ zài nǎr?

B: 我在图书馆看书呢。
Wǒ zài túshūguǎn kàn shū ne.

2 アスペクト助詞“过”

111

経験「～したことがある」を表すには動詞の後ろに“过”をつける。

肯定：＋ 動詞 ＋“过”＋ 目的語

否定：“没（有）”＋ 動詞 ＋“过”＋ 目的語

A: 你去过中国吗？
Nǐ qùguo Zhōngguó ma?

B: 我去过中国。
Wǒ qùguo Zhōngguó.

A: 你吃过北京烤鸭吗？
Nǐ chīguo Běijīng kǎoyā ma?

B: 我还没吃过。
Wǒ hái méi chīguo.

A: 你爬过几次富士山？
Nǐ páguo jǐ cì Fùshìshān?

B: 我爬过三次富士山。
Wǒ páguo sān cì Fùshìshān.

確認してみよう！

1 “在”の用法に注意しながら日本語に訳しましょう。

1. 他在大学。 ______________________
2. 我在公司工作。 ______________________
3. 我在写作业。 ______________________

2 次の質問に対するあなたの答えを書きましょう。

1. 你看过《三国演义》吗？ ______________________
2. 你吃过小笼包吗？ ______________________

3 主述述語文

112 「象は鼻が長い」のように述語の部分が「主語＋述語」の構造になっている文。

A: 北京冬天冷吗？
Běijīng dōngtiān lěng ma?

B: 北京冬天很冷。
Běijīng dōngtiān hěn lěng.

A: 你工作忙不忙？
Nǐ gōngzuò máng bu máng?

B: 我工作忙死了。
Wǒ gōngzuò máng sǐ le.

A: 哇，上海真热闹啊！
Wa, Shànghǎi zhēn rènao a!

B: 对啊，上海人特别多。
Duì a, Shànghǎi rén tèbié duō.

4 前置詞“对・给・跟”

113 “对”＋ 人／モノ ＋ 動詞 ＋（ 目的語 ）/ 形容詞

“给”＋ 人 ＋ 動詞 ＋ 目的語

“跟”＋ 人 ＋ 動詞 ＋ 目的語

A: 他对你怎么样？
Tā duì nǐ zěnmeyàng?

B: 他对我很好。
Tā duì wǒ hěn hǎo.

A: 你要给谁买生日礼物？
Nǐ yào gěi shéi mǎi shēngrì lǐwù?

B: 我要给女儿买生日礼物。
Wǒ yào gěi nǚ'ér mǎi shēngrì lǐwù.

A: 你对中国的什么感兴趣？
Nǐ duì Zhōngguó de shénme gǎn xìngqù?

B: 我对中国电影感兴趣。
Wǒ duì Zhōngguó diànyǐng gǎn xìngqù.

A: 你明天做什么？
Nǐ míngtiān zuò shénme?

B: 我跟他一起去看电影。
Wǒ gēn tā yìqǐ qù kàn diànyǐng.

確認してみよう！

3 次の文を中国語に訳しましょう。

1. 私はお腹が痛くありません。 ______________________
2. 今日は天気が本当に良い。 ______________________

4（　）に適切な前置詞を入れて、日本語に訳しましょう。

1. 我（　　）你打电话。 ______________________
2. 他（　　）这件事有意见。 ______________________
3. 今天我（　　）妈妈一起买东西。 ______________________

チャレンジ

冬休みに中国旅行に行きたいあなたは、中国人留学生から情報収集することにしました。拡張表現を使って「～したことがあるか」、「どこに行ったことがあるか」を尋ねてみよう。

準備 右ページの拡張表現を参考にしながら下線部に単語を書き入れて、ペアで練習しましょう。

	A	B
1	今年寒假我想去 ______ 旅游。 Jīnnián hánjià wǒ xiǎng qù ______ lǚyóu.	从日本到 ______ 要 ______ 小时。 Cóng Rìběn dào ______ yào ______ xiǎoshí.
2	你要待几天？ Nǐ yào dāi jǐ tiān?	我要待 ______ 天。 Wǒ yào dāi ______ tiān.
3	那里有什么好玩儿的地方？ Nàli yǒu shénme hǎowánr de dìfang?	那儿有 ______。 Nàr yǒu
4	______ 天气冷吗？ tiānqì lěng ma?	______。
5	那儿的特色菜是什么？ Nàr de tèsècài shì shénme?	那儿有 ______。 Nàr yǒu
6	你吃过吗？ Nǐ chīguo ma?	______。 食べたことがある ______。 食べたことがない

114 寒假 hánjià（冬休み） 待 dāi（（あるところに）とどまる） 好玩儿 hǎowánr（面白い）
地方 dìfang（ところ、場所） 特色菜 tèsècài（おすすめ料理）

拡張表現

●中国の観光地

115 **北京**

旅游景点：lǚyóu jǐngdiǎn　长城 Chángchéng
天坛 Tiāntán
故宫 Gùgōng

航程：hángchéng　三个半小时 sān ge bàn xiǎoshí

特色菜：tèsècài　北京烤鸭 Běijīng kǎoyā
炸酱面 zhájiàngmiàn
涮羊肉 shuàn yángròu

冬天的气温：dōngtiān de qìwēn　零下 1 度 língxià yī dù

116 **西安**

旅游景点：　兵马俑 Bīngmǎyǒng
华清池 Huáqīngchí
大雁塔 Dàyàntǎ

航程：　五个小时 wǔ ge xiǎoshí

特色菜：　肉夹馍 ròujiāmó
油泼面 yóupōmiàn
羊肉泡馍 yángròu pàomó

冬天的气温：8 度 bā dù

117 **上海**

旅游景点：　东方明珠 Dōngfāng míngzhū
城隍庙 Chénghuángmiào
外滩 Wàitān

航程：　三个小时 sān ge xiǎoshí

特色菜：　大闸蟹 dàzháxiè
小笼包 xiǎolóngbāo
生煎包 shēngjiānbāo

冬天的气温：11 度 shíyī dù

第10課　病院

到達目標

- ☑ 自分の症状を伝えることができる
- ☑ 症状がいつ始まったかを伝えることができる

中国　雲南省を旅行中の高橋さんにトラブル発生！病院に行くことになりましたが、医者に病状をうまく説明できるでしょうか。

🔊118

医生：你　怎么　了？哪儿　不　舒服？
Nǐ　zěnme　le?　Nǎr　bù　shūfu?

高桥：大夫，我　头疼，胃　也　有点儿　不　舒服。
Dàifu,　wǒ　tóuténg,　wèi　yě　yǒudiǎnr　bù　shūfu.

医生：是　从　什么时候　开始　疼　的？
Shì　cóng　shénme shíhou　kāishǐ　téng　de?

高桥：从　昨天　晚上　开始　的。
Cóng　zuótiān　wǎnshang　kāishǐ　de.

医生：不要紧，是　感冒。吃了　药　就　会　好　的。
Bú　yàojǐn,　shì　gǎnmào.　Chīle　yào　jiù　huì　hǎo　de.

高桥：大夫，这个　药　怎么　吃？
Dàifu,　zhèige　yào　zěnme　chī?

医生：一　天　三　次，每　次　两　片。要　多　喝　开水。
Yì　tiān　sān　cì,　měi　cì　liǎng piàn.　Yào　duō　hē　kāishuǐ.

高桥：谢谢　大夫。
Xièxie　dàifu.

+α プラスアルファ

① **2つの“怎么”**

“怎么 zěnme”には方法を尋ねる用法（①）と原因・理由を尋ねる用法（②）があります。

① “怎么”＋動詞　　你怎么去？　Nǐ zěnme qù?　（あなたはどうやって行くの？）
② “怎么”＋“不 / 没”＋動詞　　他怎么不来？　Tā zěnme bù lái?（彼はどうして来ないの？）

そのほか、“怎么样 zěnmeyàng”（第4課）、“怎么了 zěnme le”（本課）も確認しましょう。

② **形容詞＋V**

“多 duō”“少 shǎo”“早 zǎo”“晚 wǎn”“快 kuài”“慢 màn”といった単音節形容詞は動詞の前に置いて、“多＋動詞”「多めに～する」、“早点儿＋動詞”「早めに～する」という言い方ができます。

会話			文法		
医生	yīshēng	名 医者	出生	chūshēng	動 生まれる
大夫	dàifu	名 医者	毛衣	máoyī	名 セーター
头疼	tóuténg	動 頭が痛い 名 頭痛	网上	wǎng shang	名 ネット、オンライン
胃	wèi	名 胃	认识	rènshi	動 知り合う
有点儿	yǒudiǎnr	副 少し	微信	Wēixìn	名 WeChat
舒服	shūfu	形 気持ち良い	晚	wǎn	形 （時間が）遅い
不要紧	bú yàojǐn	大丈夫、心配ない	天气	tiānqì	名 天気
感冒	gǎnmào	名 風邪 動 風邪を引く	预报	yùbào	名 予報
药	yào	名 薬	下雨	xià yǔ	動+目 雨が降る
会	huì	助動 ～するはずだ	困	kùn	形 眠い
每	měi	代 ～ごと	晚上	wǎnshang	名 夜
～片	piàn	量 平たく薄いものを	上课	shàng//kè	動 授業を受ける
开水	kāishuǐ	名 沸騰した湯	地铁	dìtiě	名 地下鉄
谢谢	xièxie	動 ありがとう	雪	xuě	名 雪
			辣	là	形 辛い

コラム 中国の薬

“牛黄解毒丸”は、何に効く薬で、どのように服用すれば良いのかパッケージや説明を見てみましょう。

1 "(是)～V的"構文

120

すでに完了･実現した行為について、時･場所･方法･動作主などについて質問、説明する。

(是)＋ [時･場所･方法･動作主] ＋ 動詞 ＋"的"＋ 目的語

A: 你是哪年出生的？
Nǐ shì nǎ nián chūshēng de?

B: 我是 1999 年出生的。
Wǒ shì yī jiǔ jiǔ jiǔ nián chūshēng de.

A: 这件毛衣在哪儿买的？
Zhèi jiàn máoyī zài nǎr mǎi de?

B: 在网上买的。
Zài wǎng shang mǎi de.

A: 你们怎么认识的？
Nǐmen zěnme rènshi de?

B: 我们在微信上认识的。
Wǒmen zài Wēixìn shang rènshi de.

A: 是谁告诉你的？
Shì shéi gàosu nǐ de?

B: 是张老师告诉我的。
Shì Zhāng lǎoshī gàosu wǒ de.

A: 你在哪儿学的汉语？
Nǐ zài nǎr xué de Hànyǔ?

B: 我在大学学的(汉语)。
Wǒ zài dàxué xué de (Hànyǔ).

確認してみよう！

1 次の日本語を中国語に訳しましょう。

1. 私は今日北京に着いたのです。 ______
2. 私は地下鉄で大学に来たのです。 ______
3. 彼はあの本屋で買ったのです。 ______

❷ 助動詞“会”── 可能性を表す

121

否定形は“不会”。文末にはよく断定の語気を表す“的”がつく。

「できる」の“会”については第8課ポイント❶を参照

A: 木村在哪儿呢？
Mùcūn zài nǎr ne?

B: 他一定会在图书馆。
Tā yídìng huì zài túshūguǎn.

A: 这么晚了，她不会来的吧？
Zhème wǎn le, tā bú huì lái de ba?

B: 我想她不会不来的。
Wǒ xiǎng tā bú huì bù lái de.

A: 天气预报说下午会下雨。
Tiānqì yùbào shuō xiàwǔ huì xià yǔ.

B: 不会吧！
Bú huì ba!

❸ 二つの「少し」“一点儿”と“有点儿”

122

[形容詞]+“一点儿 yìdiǎnr”は客観的比較で使い、“有点儿 yǒudiǎnr +[形容詞]”は主観的かつ話者にとってマイナスイメージの時に使う。

形容詞 +“一点儿” ／ “有点儿”+ 形容詞

A: 今天天气怎么样？
Jīntiān tiānqì zěnmeyàng?

B: 今天比昨天冷一点儿。
Jīntiān bǐ zuótiān lěng yìdiǎnr.

A: 你怎么了？
Nǐ zěnme le?

B: 有点儿困。昨天晚上睡得很晚。
Yǒudiǎnr kùn. Zuótiān wǎnshang shuìde hěn wǎn.

A: 她今天怎么没来上课？
Tā jīntiān zěnme méi lái shàngkè?

B: 她今天有点儿不舒服。
Tā jīntiān yǒudiǎnr bù shūfu.

確認してみよう！

❷ 助動詞“会”に注意しながら日本語に訳しましょう。

1. 他一定会来的。 ＿＿＿＿＿＿＿＿
2. 明天会下雪。 ＿＿＿＿＿＿＿＿
3. 你会不会说汉语？ ＿＿＿＿＿＿＿＿

❸ （　　）に“一点儿”か“有点儿”を入れて日本語に訳しましょう。

1. 这个菜（　　）辣。 ＿＿＿＿＿＿＿＿
2. 今天冷（　　）。 ＿＿＿＿＿＿＿＿
3. 能便宜（　　）吗？ ＿＿＿＿＿＿＿＿

チャレンジ

体調が悪く病院に行きました。お医者さんに症状を伝えてみよう。

	A	B
1	你哪儿不舒服？ Nǐ nǎr bù shūfu?	＿＿＿ 有点儿 ＿＿＿。 体の部位 yǒudiǎnr 症状① （有点儿）＿＿＿。 yǒudiǎnr 症状②
2	＿＿＿ 呢？ 体の部位 ne?	＿＿＿ 不疼 / 不太疼 / 也疼 / 很疼。 体の部位 bù téng / bú tài téng / yě téng / hěn téng.
3	是从什么时候开始的？ Shì cóng shénme shíhou kāishǐ de?	是从 ＿＿＿ 开始的。 Shì cóng kāishǐ de.
4	发烧吗？/ 量过体温吗？ Fāshāo ma?/ liángguo tǐwēn ma?	有点儿。＿＿＿ 度。 Yǒudiǎnr dù 没有。/ 还没量。 Méiyou. /Hái méi liáng.
5	大夫，我是什么病？ Dàifu, wǒ shì shénme bìng?	你得了 ＿＿＿。 Nǐ déle 病名① 你是 ＿＿＿。 Nǐ shì 病名②

123 发烧 fā//shāo（熱が出る） 量 liáng（測る） 体温 tǐwēn（体温） 得病 dé//bìng（病気になる）

拡張表現

124 ●体の部位

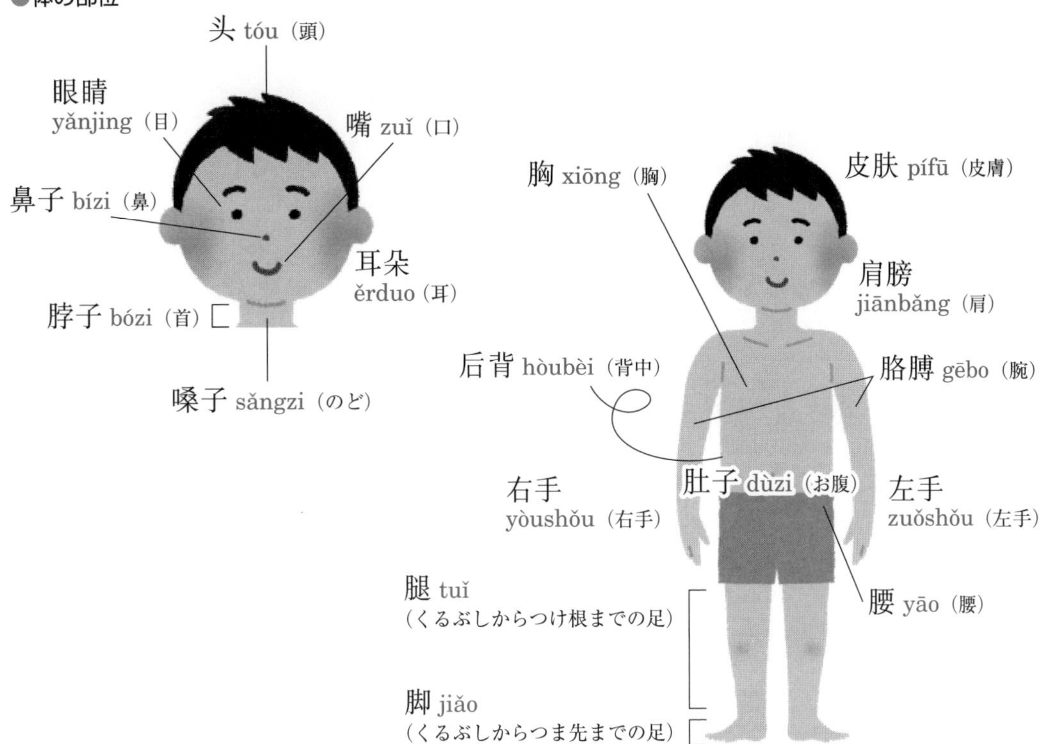

125 ●病名①

流感 liúgǎn（インフルエンザ）
胃肠炎 wèichángyán（胃腸炎）
气管炎 qìguǎnyán（気管支炎）
感冒 gǎnmào（風邪）
肠炎 chángyán（腸炎）
胃炎 wèiyán（胃炎）

126 ●病名②

中暑 zhòngshǔ（熱射病）　过敏 guòmǐn（アレルギー）　贫血 pínxuè（貧血）

127 ●症状①

疼 téng（痛い）　酸 suān（だるい）　麻木 mámù（しびれる）　不舒服 bù shūfu（気持ち悪い）

128 ●症状②

发冷 fālěng（悪寒がする）
头晕 tóu yūn（目まいがする）
流鼻涕 liú bítì（鼻水が出る）
拉肚子 lā dùzi（下痢をする）
呕吐 ǒutù（嘔吐をする）
发烧 fā//shāo（熱が出る）
咳嗽 késou（咳）
打喷嚏 dǎ pēntì（くしゃみをする）
恶心 ěxin（吐き気）
没有胃口 méiyǒu wèikǒu（食欲がない）

第11課 トラブル

〖到達目標〗
- ☑ 状況を正確に相手に伝えることができる
- ☑ 相手にするべきことを伝えることができる

中国 鈴木さん、どうやら財布をなくしてしまったようです。一体どこでなくしてしまったのでしょうか、無事に戻ってくるでしょうか。

129

铃木：你 看见 我 的 钱包 了 吗？ 我 的 钱包 不 见 了。
Nǐ kànjiàn wǒ de qiánbāo le ma? Wǒ de qiánbāo bú jiàn le.

张力：没 看见，你 把 钱包 放在 哪儿 了？
Méi kànjiàn, nǐ bǎ qiánbāo fàngzài nǎr le?

铃木：我 放在 提包 的 口袋里 了。
Wǒ fàngzài tíbāo de kǒudai li le.

张力：你 刚才 是 怎么 来 的？
Nǐ gāngcái shì zěnme lái de?

铃木：我 坐 地铁 来 的。
Wǒ zuò dìtiě lái de.

张力：会 不 会 是 在 地铁 上 丢 了？
Huì bu huì shì zài dìtiě shang diū le?

铃木：可能 在 地铁 上 被 偷 了！
Kěnéng zài dìtiě shang bèi tōu le!

张力：那 你 得 赶快 去 派出所 报案。
Nà nǐ děi gǎnkuài qù pàichūsuǒ bào'àn.

+α プラスアルファ

“车上”と“车里”

場所の意味を持たない名詞を場所として表すときには、名詞の後に“上”や“里”をつけます。“上”は場所を面としてとらえ、“里”は空間としてとらえています。また“车上 chē shang”、“飞机上 fēijī shang”、“火车上 huǒchē shang”のような交通手段に“上”がつく場合は、移動中のプロセスを表します。

把钱包忘在车上了。　　把钱包忘在车里了。
我的钱包在车上被偷了。　*我的钱包在车里被偷了。

130

会話

放	fàng	動 置く
把～	bǎ	前 ～を
提包	tíbāo	名 手提げカバン
口袋	kǒudai	名 ポケット
丢	diū	動 失くす
可能	kěnéng	助動 ～かもしれない
[被(～)V]	bèi	前 (受身文で動作主を導く)～にVされる
偷	tōu	動 盗む
赶快	gǎnkuài	副 急いで
派出所	pàichūsuǒ	名 派出所
报案	bào//àn	動 届け出る

文法

有意思	yǒu yìsi	形 面白い
钥匙	yàoshi	名 鍵
忘	wàng	動 忘れる
房间	fángjiān	名 部屋
帮	bāng	動 手伝う
门	mén	名 門、ドア
关	guān	動 閉める
上	shàng	動 (動詞の後ろにつけ、動作の完成、分離しているものがぴったりくっつくことを表す)
得	děi	助動 ～しなければならない、～すべきだ
交	jiāo	動 手渡す
不用	búyòng	副 ～する必要がない
一直	yìzhí	副 ずっと
医院	yīyuàn	名 病院
一下	yíxià	数量 (動詞+"一下"で)ちょっと～する

那么	nàme	代 そんなに
伤心	shāng//xīn	動 心を痛める、悲しい
批评	pīpíng	動 叱る
报警	bàojǐng	動 通報する
选为	xuǎnwéi	動 ～に選ぶ
代表	dàibiǎo	名 代表
雨伞	yǔsǎn	名 傘
落	là	動 置き忘れる
宾馆	bīnguǎn	名 ホテル
护照	hùzhào	名 パスポート
换	huàn	動 交換する、両替する
成	chéng	動 (結果補語)～になる
日元	rìyuán	名 日本円
人民币	rénmínbì	名 人民元
减肥	jiǎn//féi	動 ダイエットする
走	zǒu	動 (結果補語)(その場を離れる)
表扬	biǎoyáng	動 表彰する、ほめる

1 "把"構文

131

"把"によって目的語を動詞の前に出したSOV型の構文。既存の事物に何らかの処置を加えてある状態にすることを表すため、動詞の後には事物の結果状態や変化を表す結果補語や方向補語などの成分を加える必要がある。

主語 ＋"把"＋ 目的語 ＋ 動詞 ＋ 付加成分

主語 ＋"不/没"＋"把"＋ 目的語 ＋ 動詞 ＋ 付加成分

A: 我把这本书都看完了。
Wǒ bǎ zhèi běn shū dōu kànwán le.

B: 怎么样？有意思吗？
Zěnmeyàng? Yǒu yìsi ma?

A: 你把作业做完了吗？
Nǐ bǎ zuòyè zuòwán le ma?

B: 我没把作业做完。
Wǒ méi bǎ zuòyè zuòwán.

A: 怎么了？
Zěnme le?

B: 我把钥匙忘在房间了。
Wǒ bǎ yàoshi wàngzài fángjiān le.

A: 请帮我把门关上。
Qǐng bāng wǒ bǎ mén guānshàng.

B: 好的。
Hǎo de.

確認してみよう！

1 次の単語を正しい語順に並べ替えましょう。

1. 把 / 我 / 桌子上 / 雨伞 / 忘在 / 。 ________________
   私は傘をテーブルの上に忘れました。

2. 我 / 落在 / 了 / 手机 / 宾馆 / 把 / 。 ________________
   私は携帯電話をホテルに置き忘れました。

3. 把 / 了 / 丢 / 我 / 护照 / 。 ________________
   私はパスポートをなくしました。

4. 换成 / 人民币 / 把 / 日元 / 我 / 没 / 。 ________________
   私は日本円を人民元に両替していません。

② 助動詞"得"──「～しなければならない」、「～すべきだ」

132

動詞の前に置く。否定「～する必要がない」は"不用"を使う。

肯定：主語 ＋"得"＋ 動詞 ＋ 目的語

否定：主語 ＋"不用"＋ 動詞 ＋ 目的語

A: 我今天得交作业。
Wǒ jīntiān děi jiāo zuòyè.

B: 你还没交啊？
Nǐ hái méi jiāo a?

A: 我得给他打电话吗？
Wǒ děi gěi tā dǎ diànhuà ma?

B 你不用给他打电话。
Nǐ búyòng gěi tā dǎ diànhuà.

A: 这几天我一直不舒服。
Zhè jǐ tiān wǒ yìzhí bù shūfu.

B: 你得去医院看一下。
Nǐ děi qù yīyuàn kàn yíxià.

③ 受身文"被"

133

被動作者が動作を受けて、どのような状態になったかを表す文。

被動作者 ＋"被"＋（動作者）＋ 動詞 ＋ 付加成分

A: 你怎么那么伤心？
Nǐ zěnme nàme shāngxīn?

B: 我被老师批评了。
Wǒ bèi lǎoshī pīpíng le.

A: 我的钱包被偷了。
Wǒ de qiánbāo bèi tōu le.

B: 你快报警吧！
Nǐ kuài bàojǐng ba!

A: 小朱被选为学生代表了。
Xiǎo-Zhū bèi xuǎnwéi xuéshēng dàibiǎo le.

B: 真的！太好了！
Zhēn de! Tài hǎo le!

確認してみよう！

② 助動詞に注意しながら次の日本語を中国語に訳しましょう。

1. 私は今日宿題をやり終えなければいけません。 ____________________
2. 明日あなたはここに来られますか。 ____________________
3. あなたはダイエットする必要はありません。 ____________________

③ 次の日本語を中国語に訳しましょう。

1. 私のパスポートが盗まれました。 ____________________
2. 私の自転車は兄に乗って行かれました。 ____________________
3. 私は今日先生にほめられました。 ____________________

チャレンジ

トラブルに遭った時の状況を警官に正しく伝えてみよう。

	A	B
1	你怎么了？ Nǐ zěnme le?	我的 ……………… 被偷走了。 Wǒ de ……………… bèi tōuzǒu le.
2	是什么时候发现的？ Shì shénme shíhou fāxiàn de?	……………… 发现的。 ……………… fāxiàn de.
3	你看到了嫌疑人没有？ Nǐ kàndàole xiányírén méiyou?	看到了。 Kàndào le.
4	是男的还是女的？ Shì nánde háishi nǚde?	………………。
5	他 / 她穿什么衣服？ Tā chuān shénme yīfu?	他 / 她穿 ………………。 Tā chuān 他 / 她戴 ………………。 Tā dài
6	他 / 她长什么样子？ Tā zhǎng shénme yàngzi?	………………。
7	他 / 她是什么发型？ Tā shì shénme fàxíng?	他 / 她是 ………………。 Tā shì
8	还有什么特点？ Hái yǒu shénme tèdiǎn?	………………。

134 发现 fāxiàn（発見する、気づく） 嫌疑人 xiányírén（容疑者） 男的 nánde（男性） 女的 nǚde（女性）
戴 dài（かぶる、着用する） 样子 yàngzi（格好、形） 发型 fàxíng（髪型） 特点 tèdiǎn（特徴）

拡張表現

135 ●トラブル

偷 tōu（盗む） 抢 qiǎng（ひったくる） 打 dǎ（なぐる） 丢 diū（なくす） 掉 diào（落とす）

136 ●携行品

提箱 tíxiāng（スーツケース） 皮包 píbāo（革カバン） 背包 bēibāo（リュック）
书包 shūbāo（鞄） 手提包 shǒutíbāo（手提げカバン） 钱包 qiánbāo（サイフ）
护照 hùzhào（パスポート） 钱 qián（お金） 票 piào（チケット） 手表 shǒubiǎo（時計）
手机 shǒujī（携帯電話） 房卡 fángkǎ（ホテルのカードキー） 钥匙 yàoshi（カギ）

137 ●場所

地铁 dìtiě（地下鉄） 公交车 gōngjiāochē（バス） 宾馆 bīnguǎn（ホテル）
餐厅 cāntīng（レストラン） 路上 lù shang（道端）

138 ●タイミング

下车的时候 xiàchē de shíhou（電車を降りる時） 走路的时候 zǒulù de shíhou（歩いている時）
回家以后 huí jiā yǐhòu（帰宅後） 刚才 gāngcái（さっき）

139 ●髪型

短发 duǎnfà（短髪） 长发 chángfà（長髪） 三七分头 sān qī fēntóu（七三分け）
卷发 juǎnfà（パーマ） 直发 zhífà（ストレートヘア） 寸头 cùntóu（スポーツ刈り）

140 ●体型

高 gāo（背が高い） 矮 ǎi（背が低い） 胖 pàng（太っている） 瘦 shòu（痩せている）
微胖 wēipàng（小太り） 瘦高个儿 shòugāogèr（痩せて背が高い）
苗条 miáotiao（[主に女性に対して] すらりとした）

141 ●身に着けるもの

帽子 màozi（帽子） 棒球帽 bàngqiúmào（野球帽） 鸭舌帽 yāshémào（ハンチング帽）
针织帽 zhēnzhīmào（ニット帽） 墨镜 mòjìng（サングラス） 眼镜 yǎnjìng（メガネ）
领带 lǐngdài（ネクタイ） 围巾 wéijīn（マフラー） 手套 shǒutào（手袋）
口罩 kǒuzhào（マスク）

第12課 ホテル

会話
単語
文法
チャレンジ

［到達目標］
- ☑ チェックイン・チェックアウトができる
- ☑ ホテルで困ったことをフロントに伝えることができる

中国 高橋さんの楽しかった雲南旅行も終わりです。チェックアウトをしたいのですが、荷物が多いので運ぶのを手伝ってほしいとフロントに電話をすることにしました。

142

高桥：喂，是 前台 吗？
Wéi, shì qiántái ma?

前台：先生，您 有 什么 事 吗？
Xiānsheng, nín yǒu shénme shì ma?

高桥：能 帮 我 把 行李 拿到 下面 去 吗？
Néng bāng wǒ bǎ xíngli nádào xiàmiàn qù ma?

我 一 个 人 拿不了。
Wǒ yí ge rén nábuliǎo.

前台：没 问题。您 住在 哪个 房间？
Méi wèntí. Nín zhùzài něige fángjiān?

高桥：我 住在 812 号 房间。
Wǒ zhùzài bā yāo èr hào fángjiān.

前台：我 马上 让 服务员 给 您 拿下去。
Wǒ mǎshàng ràng fúwùyuán gěi nín náxiaqu.

高桥：你们 的 服务 太 周到 了。
Nǐmen de fúwù tài zhōudào le.

前台：哪里 哪里。
Nǎli nǎli.

这 是 我们 应该 做 的。
Zhè shì wǒmen yīnggāi zuò de.

143

会話

前台	qiántái	名 フロント
先生	xiānsheng	名（男性に対する敬称）～さん
行李	xíngli	名 荷物
拿	ná	動（手などで）持つ、つかむ
V不了	bu liǎo	～できない
住	zhù	動 住む、宿泊する
马上	mǎshàng	副 すぐ
服务员	fúwùyuán	名 店員、従業員
服务	fúwù	名 サービスする
周到	zhōudào	形 行き届いている
哪里哪里	nǎli nǎli	どういたしまして、とんでもない
应该	yīnggāi	助動 ～すべきである、～のはずだ

文法

飞	fēi	動 飛ぶ
带	dài	動 身に着ける、持っていく
钱	qián	名 お金
渴	kě	形 喉が渇く
话	huà	名 話
早上	zǎoshang	名 朝
课本	kèběn	名 テキスト
生词	shēngcí	名 新出単語
记	jì	動 覚える
住	zhù	動（結果補語）しっかり固定する
周末	zhōumò	名 週末
单词	dāncí	名 単語
加油	jiā//yóu	動 がんばる
[让～V]	ràng	前（被使役者を導き）～にVさせる
久	jiǔ	形 久しい、長い
等	děng	動 待つ
刚	gāng	副 ちょうど～したばかり
为什么	wèi shénme	代 どうして
参加	cānjiā	動 参加する
女朋友	nǚpéngyou	名 ガールフレンド
抽烟	chōuyān	動+目 煙草を吸う

+α プラスアルファ

① **依頼表現**

人に頼みごとをするとき、“请 qǐng”「～してください」を文頭につけた表現を使いがちですが、この表現は命令のニュアンスが強いので、丁寧に依頼をする時は “能帮我 Néng bāng wǒ ～吗? ma?/ 帮我 Bāng wǒ ～好吗？hǎo ma? / 帮我 Bāng wǒ ～可以吗？kěyǐ ma?”「～するのを手伝ってもらえますか」のような疑問形の表現を使いましょう。

② **疑問詞の不定用法**

“您有什么事吗？” の文には、“什么 shénme” があるのに文末に “吗 ma” がついています。この “什么” は「なに」という疑問詞ではなく「何か」という不定詞ですので、「あなたは何か用事がありますか？」という意味を表します。同様に “谁 shéi” は「誰か」、“哪儿 nǎr” は「どこか」を表す不定詞の用法があります。ほかの疑問詞にも同様に不定詞用法があります。（例: “谁 shéi”「誰か」、“哪儿 nǎr”「どこか」）

会話
単語
文法
チャレンジ

1 方向補語

動詞の後ろに方向動詞“上 / 下 / 进 / 出 / 回 / 过 / 起”や“来 / 去”をつけることにより、動作者や動作対象が移動する方向を示す。“来”は話し手の方に向かってくる動作を、“去”は話し手から遠ざかっていく動作を言う。

144 方向動詞一覧

	上 shàng	下 xià	进 jìn	出 chū	回 huí	过 guò	起 qǐ
来 lai	上来 shànglai	下来 xiàlai	进来 jìnlai	出来 chūlai	回来 huílai	过来 guòlai	起来 qǐlai
去 qu	上去 shàngqu	下去 xiàqu	进去 jìnqu	出去 chūqu	回去 huíqu	过去 guòqu	

様態・手段を表す動詞	方向動詞	目的語	方向動詞	例
跑 pǎo / 走 zǒu 飞 fēi 拿 ná / 带 dài	上 / 下 进 / 出 回 / 过 起	家 教室 电脑 手机	来 去	
	进		来	进来，出去
跑			来	跑来，拿去
跑	进		来	跑进来，带出去
跑	进	教室		跑进教室，带回家
跑	进	教室	来	跑进教室来，拿出钱来

145

A: 他们呢？
Tāmen ne?

B: 他们都回去了。
Tāmen dōu huíqu le.

A: 口渴了。
Kǒu kě le.

B: 那我拿一杯水来吧。
Nà wǒ ná yì bēi shuǐ lai ba.

A: 李明跑过来了。
Lǐ Míng pǎoguolai le.

B: 可能有什么事吧？
Kěnéng yǒu shénme shì ba?

A: 那本书你带来了吗？
Nèi běn shū nǐ dàilai le ma?

B: 带来了。
Dàilai le.

確認してみよう！

1 次の日本語のフレーズを中国語に訳しましょう。

1. 歩いて入ってくる ＿＿＿＿＿＿＿＿
2. 中国に帰っていく ＿＿＿＿＿＿＿＿
3. 飛んでくる ＿＿＿＿＿＿＿＿
4. 上がっていく ＿＿＿＿＿＿＿＿
5. 走って出ていく ＿＿＿＿＿＿＿＿
6. 持って上がっていく ＿＿＿＿＿＿＿＿

2 可能補語 ──「～して…することができる／できない」

146

動詞と結果補語・方向補語の間に“得”又は“不”を入れて可能、不可能を示す。

動詞 ＋“得”＋ 結果補語／方向補語

動詞 ＋“不”＋ 結果補語／方向補語

A: 老师的话，你听得懂吗？
Lǎoshī de huà, nǐ tīngdedǒng ma?

B: 听得懂。
Tīngdedǒng.

A: 你明天早上起得来吗？
Nǐ míngtiān zǎoshang qǐdelái ma?

B: 应该起得来。
Yīnggāi qǐdelái.

A: 课本的生词，记住了吗？
Kèběn de shēngcí, jìzhù le ma?

B: 生词太多了，我记不住。
Shēngcí tài duō le, wǒ jìbuzhù.

A: 周末你回得来回不来？
Zhōumò nǐ huídelái huíbulái?

B: 太忙了，回不来。
Tài máng le, huíbulái.

3 使役文 ──「～に…するように言う／させる」

147

A が B に何らかの動作をさせたり、するように指示する意味を表す。

肯定：A ＋“让／叫”＋ B ＋ 動詞（＋目的語） ＝Bにさせる行為

否定：A ＋“不／没”＋“让／叫”＋ B ＋ 動詞（＋目的語）

A: 老师叫我们记一百个单词。
Lǎoshī jiào wǒmen jì yì bǎi ge dāncí.

B: 加油吧！
Jiāyóu ba!

A: 让你久等了吧？
Ràng nǐ jiǔ děng le ba?

B: 我也刚来。
Wǒ yě gāng lái.

A: 你为什么不参加比赛？
Nǐ wèi shénme bù cānjiā bǐsài?

B: 我妈不让我参加。
Wǒ mā bú ràng wǒ cānjiā.

確認してみよう！

2 次のフレーズを中国語に訳しましょう。

1. 見て理解できない ＿＿＿＿＿＿
2. はっきりと言える ＿＿＿＿＿＿
3. 書き終えられない ＿＿＿＿＿＿
4. 入って行けない ＿＿＿＿＿＿

3 次の日本語を中国語に訳しましょう。

1. 私のガールフレンドは私に煙草を吸わないように言う。 ＿＿＿＿＿＿
2. 私にちょっと見せてください。 ＿＿＿＿＿＿
3. 彼は私に言わせてくれません。 ＿＿＿＿＿＿

会話 / 単語 / 文法 / チャレンジ

チャレンジ

ホテルのチェックインをしてみよう。

	A	B
1	您好！ Nín hǎo!	你好，我在网上预订的。 Nǐ hǎo, wǒ zài wǎng shang yùdìng de.
2	请您说一下姓名和手机号。 Qǐng nín shuō yí xià xìngmíng hé shǒujīhào.	……………………………。
3	单人间还是双人间？ Dānrénjiān háishi shuāngrénjiān?	……………………………。
4	给我看一下您的护照。 Gěi wǒ kàn yíxià nín de hùzhào.	好的。 Hǎo de.
5	连押金一共 980 元， Lián yājīn yígòng jiǔbǎi bāshí yuán, 现金还是刷卡？ xiànjīn háishi shuā kǎ?	……………………………。
6	这是您的房卡，房间号是 Zhè shì nín de fángkǎ, fángjiānhào shì ……………。还有早餐券。 Hái yǒu zǎocānquàn.	好的，电梯在哪边？ Hǎo de, diàntī zài nǎibian?

148 预订 yùdìng（予約する） 姓名 xìngmíng（氏名） 单人间 dānrénjiān（シングルルーム）
双人间 shuāngrénjiān（ツインルーム） 连 lián（～を加えて） 押金 yājīn（保証金、デポジット）
房卡 fángkǎ（部屋のカードキー） 早餐券 zǎocānquàn（朝食券） 电梯 diàntī（エレベーター）
住宿登记表 zhùsù dēngjìbiǎo（宿泊カード）

拡張表現

149 ●"住宿登记表"

住宿登记表 zhùsù dēngjìbiǎo					
姓名 xìngmíng	Takahashi Daisuke				
中文姓名 zhōngwén xìngmíng	高桥大介				
国籍 guójí	日本	性别 xìngbié	男	出生日期 chūshēng rìqī	2000.11.21
地址 dìzhǐ	大阪府千里山３－３－３５				
证件种类 zhèngjiàn zhǒnglèi	护照	证件号码 zhèngjiàn hàomǎ	XM1234567		
签证种类 qiānzhèng zhǒnglèi		签证号码 qiānzhèng hàomǎ			
停留事由 tíngliú shìyóu	旅游	身份或职业 shēnfen huò zhíyè	学生		
抵达日期 dǐdá rìqī	2019.12.24				

签名
qiānmíng

150 ワンポイント —— ホテルで使う表現

我要办入住手续。 Wǒ yào bàn rùzhù shǒuxù. （チェックイン手続きをしたいのですが。）

请把这张表填好吧。Qǐng bǎ zhèi zhāng biǎo tiánhǎo ba.（このカードにご記入をお願いします。）

您预订了一个单人间，20-21 号两个晚上，是吗？
Nín yùdìngle yí ge dānrén jiān, èrshí hào dào èrshiyī hào liǎng ge wǎnshang, shì ma?
（あなたは予約された部屋はシングルルームで、20～21 日の 2 泊ですね。）

请您填写一下住宿登记表。Qǐng nín tiánxiě yíxià zhùsù dēngjìbiǎo.（宿泊表にご記入お願いします。）

给我看一下您的护照。 Gěi wǒ kàn yíxià nín de hùzhào. （パスポートをお見せください。）

请在这里签名。 Qǐng zài zhèli qiānmíng. （ここにサインをお願いします。）

約束する

到達目標
- 相手に「～するな」と言うことができる
- 「もし～なら…する」のような複文を理解できる

中国 張力さんは週末に鈴木さんを万里の長城に誘いたいようです。他にはだれが一緒に行くのでしょうか。

151

张力：这个 周末 我们 去 爬 长城，你 去 吗？
Zhèige zhōumò wǒmen qù pá Chángchéng, nǐ qù ma?

铃木：太 好 了！ 都 有 谁 去？
Tài hǎo le! Dōu yǒu shéi qù?

张力：韩国 的 大崔、美国 的 麦克 都 去。
Hánguó de Dà Cuī、 Měiguó de Màikè dōu qù.

铃木：田中 他们 不 去 吗？
Tiánzhōng tāmen bú qù ma?

张力：我 没有 他 的 电话 号码，如果 你 见到 他，
Wǒ méiyou tā de diànhuà hàomǎ, rúguǒ nǐ jiàndào tā,

告诉 他 一下 吧。
gàosu tā yíxià ba.

铃木：我 一会儿 上课 能 看到 他。
Wǒ yíhuìr shàngkè néng kàndào tā.

张力：让 他 给 我 回 电话，
Ràng tā gěi wǒ huí diànhuà,

千万 别 忘 了。
qiānwàn bié wàng le.

铃木：放心 吧。我 一定 转告。
Fàngxīn ba. Wǒ yídìng zhuǎngào.

152

会話

长城	Chángchéng	名 万里の長城
韩国	Hánguó	名 韓国
美国	Měiguó	名 アメリカ
电话	diànhuà	名 電話
号码	hàomă	名 番号
如果	rúguǒ	接続 もし～なら
一会儿	yíhuìr	数量 しばらく
回电话	huí diànhuà	動+目 折り返し電話する
千万	qiānwàn	副 くれぐれも
放心	fàng//xīn	動 安心する
转告	zhuǎngào	動 伝言する

文法

要是	yàoshi	接続 もし～なら
觉得	juéde	動 感じる、思う
穿	chuān	動 着る
虽然～但是…	suīrán ～ dànshì…	接続 ～ではあるが…
只	zhǐ	副 ただ、～しかない
流利	liúlì	形 流暢である
因为～所以…	yīnwèi ～ suǒyǐ…	接続 ～なので…
不但～而且…	búdàn ～ érqiě…	接続 ～だけでなく…も
普通话	pǔtōnghuà	名 普通話（中国の共通語）
广东话	Guǎngdōnghuà	名 広東語
公园	gōngyuán	名 公園
运动	yùndòng	名 スポーツ 動 スポーツをする
门口	ménkǒu	名 入口
别	bié	副 ～するな
迟到	chídào	動 遅刻する
知道	zhīdao	動 知る、知っている
着急	zháo//jí	動 焦る
空儿	kòngr	名 ひま
出门	chū//mén	動 外出する
香	xiāng	形 香りが良い、味がおいしい
价值	jiàzhí	名 価値
智能手机	zhìnéng shǒujī	名 スマートフォン
机会	jīhuì	名 機会、チャンス
生气	shēng//qì	動 怒る
勉强	miǎnqiǎng	形 無理がある、無理強いする
开玩笑	kāi wánxiào	冗談を言う

+α プラスアルファ

複数を表す“们 men”

複数を表す“们 men”は、“我们 wǒmen”“学生们 xuéshengmen”“孩子们 háizimen”のように、人称代名詞や人を表す名詞の後ろにつけられますが、一般に、人名の後にはつきません。たとえば、“田中们”は複数の田中姓の人を表しますので、田中さんと別姓の人たちを表すときは、“他们”を後ろにつけ“田中他们”のようにしましょう。なお、モノを表す名詞には“们”がつけられません。 → ×“书们”

1 複文 ―「もし～なら…」(仮定)、「～だけれども…」(逆接)、「～なので…」(因果関係)、「～だけでなく…も」(添加)

153

接続詞を用いて、仮定、逆接、因果関係などを表す。

仮定：“如果 / 要是～，就…”

如果你觉得冷，就多穿一点儿吧。
Rúguǒ nǐ juéde lěng, jiù duō chuān yìdiǎnr ba.

逆接：“虽然～，但是…”

虽然他学汉语只学了半年，但是汉语说得很流利。
Suīrán tā xué Hànyǔ zhǐ xuéle bàn nián, dànshì Hànyǔ shuōde hěn liúlì.

因果関係：“因为～，所以…”

因为我感冒了，所以没来上课。
Yīnwèi wǒ gǎnmào le, suǒyǐ méi lái shàngkè.

添加：“不但～，而且（还 / 也）…”

他不但会说普通话，而且还会说广东话。
Tā búdàn huì shuō pǔtōnghuà, érqiě hái huì shuō Guǎngdōnghuà.

確認してみよう！

1 “如果，不但，因为，虽然，所以，但是”を（　）に入れて、日本語に訳しましょう。

1. （　　）有空儿，（　　）出门。 ＿＿＿＿＿＿＿＿
2. （　　）菜好，饭也很香。 ＿＿＿＿＿＿＿＿
3. （　　）明天下雨，我就不去了。 ＿＿＿＿＿＿＿＿
4. （　　）很贵，（　　）有价值。 ＿＿＿＿＿＿＿＿

2 次の日本語を中国語に訳しましょう。

1. スマートフォンを買うお金がありません。 ＿＿＿＿＿＿＿＿
2. ここには日本語を話す人がいません。 ＿＿＿＿＿＿＿＿
3. 現在日本では中国語を話す機会がたくさんあります。

＿＿＿＿＿＿＿＿

2 “有”を用いた連動文

154

[場所 / 時間 / 人物 + 有 / 没有 + 名詞 + 動詞] の形式で、「～する…がある／ない」という意味を表す。

A: 冰箱里有东西吃吗？
Bīngxiāng li yǒu dōngxi chī ma?

B: 冰箱里有很多吃的。
Bīngxiāng li yǒu hěn duō chī de.

A: 公园里很热闹。
Gōngyuán li hěn rènao.

B: 有很多人在运动。
Yǒu hěn duō rén zài yùndòng.

A: 门口有人在等你。
Ménkǒu yǒu rén zài děng nǐ.

B: 是吗？ 那我去看看。
Shì ma? Nà wǒ qù kànkan.

3 副詞“别”──禁止を表す

155

“别”あるいは“不要”を動詞の前に置いて、その動作の禁止を表す。文末に“了”を伴うと、「もう～するのをやめなさい」という中断を促す意味になる。

A: 别迟到！
Bié chídào!

B: 知道了。
Zhīdao le.

A: 别说话了！
Bié shuōhuà le!

B: 好的。
Hǎo de.

A: 外面雨太大了！
Wàimiàn yǔ tài dà le!

B: 别出去了，在家看书吧。
Bié chūqu le, zài jiā kàn shū ba.

A: 快点儿走吧！
Kuài diǎnr zǒu ba!

B: 时间还早，别着急。
Shíjiān hái zǎo, bié zháojí.

確認してみよう！

3 次の日本語を中国語に訳しましょう。

1. 走るな！ ____________________
2. そんなに怒らないでよ！ ____________________
3. 無理しすぎないでね！ ____________________
4. もう冗談やめて！ ____________________
5. 授業の時は寝てはいけません。 ____________________

チャレンジ

中国の SNS アプリ WeChat を使ってみよう。

	A	B
	WeChat ID を登録	
1	这是我的微信号，你加我吧。 Zhè shì wǒ de Wēixìnhào, nǐ jiā wǒ ba.	好的，加上了。 Hǎo de, jiāshàng le. 疑，怎么加不上？ Éi, zěnme jiābushàng?
2	那你扫我的二维码吧。 Nà nǐ sǎo wǒ de èrwéimǎ ba.	怎么扫？ Zěnme sǎo? 扫上了，可以用微信聊天了。 Sǎoshàng le, kěyǐ yòng Wēixìn liáotiān le.

① WeChat アプリをダウンロードする。
https://goo.gl/PH1YEH

②中国語の入力方法を覚えよう。
https://goo.gl/G4WcPU

156 微信号 Wēixìnhào（WeChat ID） 加 jiā（加える、追加する） 扫 sǎo（スキャンする）
～上 shàng（(結果補語) 目的を達成する） 二维码 èrwéimǎ（二次元コード、QR コード）
聊天 liáo//tiān（雑談する） 出发 chūfā（出発する） 公寓 gōngyù（アパート、マンション）
～层 céng（～階） 晚安 wǎn'ān（お休みなさい） 故宫 Gùgōng（故宮） 回复 huífù（返信する）
挺 tǐng（とても）

拡張表現

● WeChat

157 ● WeChat でよく使われる単語

二维码 èrwéimǎ（QRコード）　发 fā（送る）　加 jiā（加える）
扫 sǎo / 扫一扫 sǎo yi sǎo（スキャンする）　朋友圈 péngyouquān（タイムライン）
转发 zhuǎnfā（転送する）　语音 yǔyīn（音声）　视频 shìpín（動画）
群 qún（グループ）　群聊 qúnliáo（グループチャット）　收藏 shōucáng（お気に入り）
表情 biǎoqíng（感情アイコン）　相册 xiàngcè（アルバム）　通讯录 tōngxùnlù（アドレス帳）
公众号 gōngzhònghào（公式アカウント）　搜 sōu / 搜索 sōusuǒ（検索する）
点赞 diǎnzàn（いいね）　评论 pínglùn（コメント）　粉丝 fěnsī（フォロワー）
个人信息 gèrén xìnxī（個人情報）
微信钱包 Wēixìn qiánbāo（WeChat ウォレット）　微信红包 Wēixìn hóngbāo（WeChat お年玉）
关注 guānzhù（フォローする）　支付 zhīfù（支払う）

第14課 掲示板を見る

〔到達目標〕
- ☐ 掲示物を見てその内容を読み取ることができる
- ☐ イベントに参加する・しないを伝えることができる

中国 もうすぐ春節です。鈴木さんと張力さんはどんなイベントに参加するのでしょうか。

158

铃木：广告栏 上 贴着 一 个 周末 晚会 的
Guǎnggàolán shang tiēzhe yí ge zhōumò wǎnhuì de

通知，你 看见 了 吗？
tōngzhī, nǐ kànjiàn le ma?

张力：看见 了，我 正 要 去 办公室 报名 呢。你 不 参加 吗？
Kànjiàn le, wǒ zhèng yào qù bàngōngshì bàomíng ne. Nǐ bù cānjiā ma?

铃木：不巧，快 春节 了，李 老师 让 我 和 田中
Bùqiǎo, kuài Chūnjié le, Lǐ lǎoshī ràng wǒ hé Tiánzhōng

去 她 家 吃 饺子。
qù tā jiā chī jiǎozi.

张力：是 吗。是 会话课 的 李 老师 吧？
Shì ma. Shì huìhuàkè de Lǐ lǎoshī ba?

我 也 想 去，可以 吗？
Wǒ yě xiǎng qù, kěyǐ ma?

铃木：我 发 短信 问 一下 李 老师 吧。
Wǒ fā duǎnxìn wèn yíxià Lǐ lǎoshī ba.

铃木：李 老师 回信 了，说 欢迎 你 来。
Lǐ lǎoshī huíxìn le, shuō huānyíng nǐ lái.

张力：太 好 了，那 我 就 不 去 周末 晚会 了。
Tài hǎo le, nà wǒ jiù bú qù zhōumò wǎnhuì le.

铃木：好，4 点 半 我们 在 教学楼 门前 集合。
Hǎo, sì diǎn bàn wǒmen zài jiàoxuélóu ménqián jíhé.

+α プラスアルファ “不”、“不～了”、“没”

否定の表現を整理しておきましょう。①“不＋動詞”は意志・願望や習慣の否定：“不吃 bù chī”（食べない）。②“不＋動詞＋了”はキャンセル表現「～するのをやめる」：“不吃了 bù chī le”（食べるのをやめる）。③“没＋動詞”は動作や状態が発生していない、存在していない：“没吃 méi chī”（食べていない、食べなかった）。④“没＋動詞＋过”は経験の否定：“没吃过 méi chīguo”（食べたことがない）。

159

会話

广告栏	guǎnggàolán	名 掲示板
贴	tiē	動 貼る
着	zhe	助 （動詞＋“着”の形で）～している （動詞₁＋“着”＋動詞₂の形で）～しながら…する
晚会	wǎnhuì	名 パーティ
通知	tōngzhī	名 案内 動 通知する
办公室	bàngōngshì	名 事務室
报名	bào//míng	動 申し込む
快～了	kuài ～ le	まもなく～する
不巧	bùqiǎo	副 あいにく
会话课	huìhuàkè	名 会話の授業
发	fā	動 送信する
短信	duǎnxìn	名 ショート メッセージ
问	wèn	動 尋ねる
回信	huí//xìn	動 返信する
欢迎	huānyíng	動 歓迎する
教学楼	jiàoxuélóu	名 教室棟
集合	jíhé	動 集合する

文法

沙发	shāfā	名 ソファ
躺	tǎng	動 横になる
开	kāi	動 開く
爷爷	yéye	名 おじいさん
站	zhàn	動 立つ
停	tíng	動 停まる
救护车	jiùhùchē	名 救急車
发生	fāshēng	動 発生する
打算	dǎsuàn	名 予定
假期	jiàqī	名 休暇
出发	chūfā	動 出発する
准备	zhǔnbèi	動 準備する
蓝色	lánsè	名 青色
音乐	yīnyuè	名 音楽
地图	dìtú	名 地図
墙	qiáng	名 壁
首都机场	Shǒudū jīchǎng	名 首都空港
寒假	hánjià	名 冬休み

辞書を選ぶ

オンライン辞書では『Weblio 中国語辞典』と『北辞郎』が有名です。『Weblio 中国語辞典』は解説も例文も充実しているため学習者向けです。『北辞郎』はユーザー参加型のオンライン辞書で、翻訳者を中心に編集されているため、収録語彙数が多く常に新語がアップされているので、上級者向けの辞書と言えます。

電子辞書で、中国語のコンテンツが収録されているのは CASIO の EX-word のみです。複数の辞書を串刺し検索でき、ピンインが分からなくても手書きで調べられるのは非常に便利です。

紙の辞書には初学者向けのものから上級者向けのもの、さらに特定の専門分野を扱ったものなど種類が豊富です。初学者向けの辞書としては、朝日出版社「はじめての中国語辞典」がお薦めです。長く中国語を勉強するのであれば、講談社「中日辞典第３版」や小学館「中日辞典第３版」、中中辞典では、商務印書館「現代漢語詞典」が良いでしょう。

文法ポイント

会話
単語
文法
チャレンジ

1 アスペクト助詞“着”

160

動作の持続や動作後の結果状態の持続を表す。

肯定：動詞 ＋“着”

否定：“没”＋ 動詞 ＋“着”（状態の持続）／“没”＋ 動詞（動作の持続）

A: 爸爸呢？
Bàba ne?

B: 在沙发上躺着呢。
Zài shāfā shang tǎngzhe ne.

A: 你进来吧，门开着呢。
Nǐ jìnlai ba, mén kāizhe ne.

B: 我进不来，门没开着！
Wǒ jìnbulái, mén méi kāizhe!

A: 你找一下他的电话号码！
Nǐ zhǎo yíxià tā de diànhuà hàomǎ!

B: 我正找着呢。
Wǒ zhèng zhǎozhe ne.

2 V_1 着 V_2 ―「V_1 しながら V_2 する」「V_1 したまま V_2 する」

161

V_1 と V_2 という 2 つの動作が同時に行われる、もしくは V_1 の状態のまま V_2 する意味を表す。

A: 你怎么去大学？
Nǐ zěnme qù dàxué?

B: 我走着去。
Wǒ zǒuzhe qù.

A: 爷爷在干什么呢？
Yéye zài gàn shénme ne?

B: 躺着看电视呢。
Tǎngzhe kàn diànshì ne.

A: 书店里好多人！
Shūdiàn li hǎo duō rén!

B: 是啊，很多人站着看书呢。
Shì a, hěn duō rén zhànzhe kàn shū ne.

確認してみよう！

1 下線部に注意しながら日本語を中国語に訳しましょう。

1. 彼は<u>着替えをしています</u>。 ____________________
2. 彼は今日青色の T シャツを<u>着ています</u>。 ____________________
3. 彼は<u>座っています</u>。 ____________________
4. 彼は音楽を<u>聞いています</u>。 ____________________
5. 彼は<u>座って</u>音楽を<u>聞いています</u>。 ____________________

3 存現文

162

人やモノの存在・出現・消失を表す文を「存現文」と言う。「雨が降る」「風が吹く」のような自然現象もこの文型を用いて表現する。

場所を表す名詞 ＋ 動詞（了 / 着）＋ 不定の人・モノ

A: 前面跑来了一个人。
Qiánmiàn pǎolaile yí ge rén.

B: 啊，是小赵。
A, shì Xiǎo-Zhào.

A: 你看，学校门口停着救护车。
Nǐ kàn, xuéxiào ménkǒu tíngzhe jiùhùchē.

B: 怎么了？发生了什么事吗？
Zěnme le? Fāshēngle shénme shì ma?

A: 外面天气怎么样？
Wàimiàn tiānqì zěnmeyàng?

B: 下雨了。
Xià yǔ le.

4 近接未来 ──“快～了”

163

“快～了”“快要～了”“就要～了”“就～了”“要～了”の形で「まもなく～する / なる」という、近い将来発生する動作や事態を表す。

A: 快放假了，你有什么打算？
Kuài fàngjià le, nǐ yǒu shénme dǎsuàn?

B: 我打算假期去上海。
Wǒ dǎsuàn jiàqī qù Shànghǎi.

A: 快要出发了！
Kuàiyào chūfā le.

B: 我马上到！
Wǒ mǎshàng dào!

A: 八月就要比赛了！
Bāyuè jiùyào bǐsài le!

B: 你准备得怎么样？
Nǐ zhǔnbèide zěnmeyàng?

具体的な時間が明示されている場合は“就要～了”の形を使う。

確認してみよう！

2 下線の名詞の定・不定に注意しながら日本語を中国語に訳しましょう。

1. 張さんが前から歩いてきた。 ＿＿＿＿＿＿＿＿
2. 一人の人が前から歩いてきた。 ＿＿＿＿＿＿＿＿
3. 壁に一枚の地図が貼ってある。 ＿＿＿＿＿＿＿＿
4. 彼の写真が壁に貼ってある。 ＿＿＿＿＿＿＿＿

3 “快～了”と“就要～了”を使って日本語を中国語に訳しましょう。

1. もうすぐ8時だ。 ＿＿＿＿＿＿＿＿
2. 来週にはもう彼の誕生日だ。 ＿＿＿＿＿＿＿＿
3. まもなく北京首都空港に到着します。 ＿＿＿＿＿＿＿＿
4. 学校はまもなく冬休みになります。 ＿＿＿＿＿＿＿＿

掲示物を見ながら友達と話してみよう。

	A	B
1	你参加 ……………………？ Nǐ cānjiā	……………………。
2	在哪儿报名？ Zài nǎr bàomíng?	……………………。
3	什么时候开始报名？ Shénme shíhou kāishǐ bàomíng?	……………………。
4	星期几？ Xīngqī jǐ?	……………………。
5	我们在哪儿集合？ Wǒmen zài nǎr jíhé?	……………………。
6	怎么去啊？ Zěnme qù a?	……………………。

拡張表現

164

“北京一日游”活动

为了帮助留学生了解北京的历史文化，我们将组织北京一日游活动。

路　　线：天坛—前门大街—全聚德—后海
具体行程：8:00-9:00 乘坐大巴去天坛；9:00-11:00 在天坛公园参观，和当地人做游戏；11:00 乘大巴去前门，逛前门大街；12:30-14:00 在全聚德吃午饭，品尝北京烤鸭（现场收取餐费）；14:00-14:50 乘大巴去后海；14:50-18:00 逛后海；18:00 乘大巴返回学校。

报 名 费：100 元（包含车费、门票费）
报名时间：2020 年 2 月 20 日—2 月 25 日
上午 9:30-11:30　下午 2:30-17:00　晚上 17:00-20:00
报名地点：留学生公寓一楼
联 系 人：李明
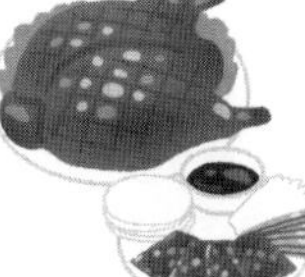
联系方式：138123456789
集合时间：2020 年 3 月 4 日 早晨 8:00
集合地点：学校东门

165

単語リスト

- 一日游　yírìyóu　（一日ツアー、日帰りツアー）
- 活动　huódòng　（イベント）
- 为了　wèile　（～のために）
- 将　jiāng　（まもなく～しようとする）
- 帮助　bāngzhù　（助ける）
- 组织　zǔzhī　（組織する）
- 路线　lùxiàn　（路線）
- 前门　Qiánmén　（〈地名〉前門）
- 前门大街　Qiánmén dàjiē　（〈地名〉前門大通り）
- 全聚德　Quánjùdé　（〈店名〉全聚徳）
- 后海　Hòuhǎi　（〈地名〉後海）
- 行程　xíngchéng　（行程）
- 乘坐　chéngzuò　（乗る）
- 大巴　dàbā　（大型バス）
- 参观　cānguān　（参観する）
- 当地人　dāngdìrén　（現地の人）
- 逛　guàng　（ぶらつく）
- 品尝　pǐncháng　（味わう）
- 收取　shōuqǔ　（受け取る）
- 餐费　cānfèi　（食費）
- 返回　fǎnhuí　（帰る、戻る）
- 包含　bāohán　（含む）
- 车费　chēfèi　（運賃）
- 门票费　ménpiàofèi　（入場券）
- 联系人　liánxìrén　（連絡先）
- 联系方式　liánxì fāngshì　（連絡方法）
- 集合　jíhé　（集合する）
- 早晨　zǎochen　（朝）
- 地点　dìdiǎn　（場所）
- 公寓　gōngyù　（マンション）
- ～楼　lóu　（～階）

単語索引〔中国語〕

ガイダ：ガイダンス
すぐ使：すぐ使える表現
教室：教室用語
発練：発音練習
チャレ：チャレンジ

A

啊	a	（文末に置いて肯定などの語気を表す）	第4課
矮	ǎi	（背が）低い	チャレ⑪
爱	ài	愛する	発音③
爱人	àiren	夫、妻（配偶者）	ガイダ
爱媛县	Àiyuánxiàn	愛媛県	チャレ①
爱知县	Àizhīxiàn	愛知県	チャレ①

B

八	bā	8	発練
～把	bǎ	（取っ手のあるものを数える）～本、～脚	第5課
把	bǎ	～を	第11課
爸爸	bàba	父	発練, 第2課
吧	ba	（文末に用いて様々な語気を表す）	第4課
白色	báisè	白色	チャレ⑥
百	bǎi	百	第6課
百货店	bǎihuòdiàn	百貨店	チャレ⑦
拜拜	báibái	さようなら	すぐ使
班	bān	クラス	第8課
半	bàn	（時間の単位）半	第4課
半年	bàn nián	半年	第8課
办	bàn	（手続きを）行う	チャレ⑫
办公室	bàngōngshì	事務室	第14課
帮	bāng	手伝う	第11課
帮忙	bāng//máng	手伝う	発音④
帮助	bāngzhù	助ける	チャレ⑭
棒	bàng	すばらしい	教室
棒棒鸡	bàngbàngjī	バンバンジー	チャレ⑤
棒球	bàngqiú	野球	チャレ⑧
棒球帽	bàngqiúmào	野球帽	チャレ⑪
包含	bāohán	含む	チャレ⑭
报案	bào//àn	届け出る	第11課
报告	bàogào	レポート	第7課
报警	bàojǐng	通報する	第11課
报名	bào//míng	申し込む	第14課
报纸	bàozhǐ	新聞	第6課
～杯	bēi	（コップに入っているものを数える）～杯	第5課
背包	bēibāo	リュック	チャレ⑪
北	běi	北	第7課
北边儿	běibianr	北	第7課
北海道	Běihǎidào	北海道	チャレ①
北京	Běijīng	北京	第3課
北京大学	Běijīng Dàxué	北京大学	第2課
北京烤鸭	Běijīng kǎoyā	北京ダック	第9課, チャレ⑤
北京人	Běijīngrén	北京出身	第1課
北面	běimiàn	北	第7課
［被（～）V］	bèi	（受身文で動作主を導く）～にVされる	第11課
～本	běn	（本を数える）～冊	第3課
本子	běnzi	ノート	チャレ②
鼻子	bízi	鼻	チャレ⑩
比	bǐ	～より、～に比べて	第6課
笔	bǐ	ペン	第5課
笔袋	bǐdài	筆箱	チャレ②
比赛	bǐsài	試合	第8課
毕业	bì//yè	卒業する	発音④
便利店	biànlìdiàn	コンビニ	チャレ⑦
标点符号	biāodiǎn fúhào	文章記号	第3課
表情	biǎoqíng	感情アイコン	チャレ⑬
表扬	biǎoyáng	表彰する、ほめる	第11課
别	bié	～するな	第13課
别的	biéde	ほかの	チャレ⑥
宾馆	bīnguǎn	ホテル	第11課, チャレ⑪
兵库县	Bīngkùxiàn	兵庫県	チャレ①
兵马俑	Bīngmǎyǒng	兵馬俑	チャレ⑨
冰箱	bīngxiāng	冷蔵庫	第7課
脖子	bózi	首	チャレ⑩
不	bù	（動詞や形容詞の前につけて否定を表す）～ではない	第1課
不错	búcuò	なかなか良い	すぐ使, 第8課
不但～而且…	búdàn～érqiě…	～だけでなく…も	第13課
不过	búguò	ただ、しかし	第9課
不好意思	bù hǎoyìsi	申し訳ない	第4課
不客气	bú kèqi	どういたしまして	すぐ使
V不了	bu liǎo	～できない	第12課
不巧	bùqiǎo	あいにく	第14課
不舒服	bù shūfu	気持ち悪い	チャレ⑩
不太	bú tài	あまり～ではない	第7課
不要紧	bú yàojǐn	大丈夫、心配ない	第10課
不用	búyòng	～しなくてよい	第11課

C

菜	cài	料理	第8課, チャレ⑤
菜单	càidān	メニュー	第5課
餐费	cānfèi	食費	チャレ⑭
参观	cānguān	参観する	チャレ⑭
参加	cānjiā	参加する	第12課

D

迪士尼	Díshìní	ディズニー	ガイダ
迪士尼乐园	Díshìní lèyuán	ディズニーランド	チャレ④
抵达	dǐdá	到着する	チャレ⑫
弟弟	dìdi	弟	発練, 第2課
地点	dìdiǎn	場所	チャレ⑭
地方	dìfang	ところ、場所	チャレ⑨
地铁	dìtiě	地下鉄	第10課
地铁站	dìtiězhàn	地下鉄の駅	第7課
地图	dìtú	地図	第14課
地址	dìzhǐ	住所	チャレ⑫
～点	diǎn	～時	第4課
点	diǎn	注文する	チャレ⑤
点名	diǎn//míng	点呼する、出席をとる	教室
点心	diǎnxin	点心	チャレ⑤
电车	diànchē	電車	第4課
电话	diànhuà	電話	第13課
电脑	diànnǎo	パソコン	ガイダ, 第5課
电视	diànshì	テレビ	発音④, 第9課
电梯	diàntī	エレベーター	チャレ⑫
电影	diànyǐng	映画	第4課
电影院	diànyǐngyuàn	映画館	チャレ⑦
店员	diànyuán	店員	第6課
电子词典	diànzǐ cídiǎn	電子辞書	第4課
掉	diào	落とす	チャレ⑪
丢	diū	失くす	第11課
东	dōng	東	第7課
东边儿	dōngbianr	東	第7課
东方明珠	Dōngfāng míngzhū	東方明珠(テレビ塔)	チャレ⑨
东京都	Dōngjīngdū	東京都	チャレ①
东京人	Dōngjīngrén	東京出身	第1課
东面	dōngmiàn	東	第7課
冬天	dōngtiān	冬	第9課
东西大学	Dōngxī Dàxué	東西大学	第2課
东西	dōngxi	もの	第4課
懂	dǒng	(結果補語)分かる	第7課
动漫	dòngmàn	アニメ	チャレ⑧
都	dōu	どちらも、みな	第1課
逗号	dòuhào	読点	第3課
独生女	dúshēngnǚ	一人っ子(女)	チャレ③
独生子	dúshēngzǐ	一人っ子(男)	チャレ③
读书	dú//shū	勉強する、読書する	第9課
度	dù	～度	第6課
肚子	dùzi	お腹	第9課
短发	duǎnfà	短髪	チャレ⑪
短信	duǎnxìn	ショートメッセージ	第14課
对	duì	正しい、そうである	第1課
对	duì	～に(対して)	第9課
对不起	duìbuqǐ	すみません	すぐ使, チャレ④
对面	duìmiàn	向かい	第7課
顿号	dùnhào	句読点	第3課
多	duō	多い	第9課
多长	duō cháng	どれぐらいの長さ	第7課
多大	duō dà	(年齢を尋ねる)いくつ	第3課
多少钱	duōshao qián	いくら	第6課

E

恶心	ě'xin	吐き気	チャレ⑩
饿	è	お腹がへる	発音①
耳	ěr	耳	発音①
耳朵	ěrduo	耳	チャレ⑩
二	èr	2	発音①
二维码	èrwéimǎ	二次元コード、QRコード	チャレ⑬

F

发	fā	送信する、送る	第14課, チャレ⑬
发冷	fālěng	悪寒がする	チャレ⑩
发烧	fā//shāo	熱が出る、熱がある	チャレ⑩
发生	fāshēng	発生する	第14課
发现	fāxiàn	発見する、気づく	チャレ⑪
法国	Fǎguó	フランス	チャレ①
法律	fǎlǜ	法律	ガイダ, 第2課
法律系	fǎlǜxì	法学部	チャレ②
发型	fàxíng	髪型	チャレ⑪
翻译	fānyì	通訳	チャレ③
繁体字	fántǐzì	繁体字	ガイダ
返回	fǎnhuí	帰る、戻る	チャレ⑭
饭店	fàndiàn	ホテル	チャレ⑦
房间	fángjiān	部屋	第11課
房卡	fángkǎ	ホテルのカードキー	チャレ⑪
房子	fángzi	家	第3課
放	fàng	置く	第11課
放假	fàng//jià	休みになる	第7課
放心	fàng//xīn	安心する	第13課
飞	fēi	飛ぶ	第12課
非常	fēicháng	非常に	第6課
飞机	fēijī	飛行機	第7課
～分	fēn	(時間の単位)～分	第4課
～分	fēn	(中国の通貨単位)～分	第6課
～分钟	fēnzhōng	～分間	第7課
粉色	fěnsè	ピンク色	チャレ⑥
粉丝	fěnsī	フォロワー	チャレ⑬
～份	fèn	(セットになったものの数を数える)～人分の	

G

H

索引

红绿灯	hónglǜdēng	信号	第7課
红色	hóngsè	赤色	チャレ⑥
后	hòu	後ろ	第7課
后背	hòubèi	背中	チャレ⑩
后边儿	hòubianr	後ろ	第7課
后海	Hòuhǎi	（地名）後海	チャレ⑭
后面	hòumiàn	後ろ	第7課
～壶	hú	（壺に入ったものを数える）	チャレ⑤
护士	hùshi	看護師	チャレ③
护照	hùzhào	パスポート	第11課
滑冰	huá//bīng	スケートをする	チャレ⑧
华清池	Huáqīngchí	華清池	チャレ⑨
滑雪	huá//xuě	スキーをする	チャレ⑧
话	huà	話	第12課
画画儿	huà huàr	絵を描く	チャレ⑧
欢迎	huānyíng	歓迎する	第14課
欢迎光临	huānyíng guānglín	いらっしゃいませ	第6課
环球影城	Huánqiú yǐngchéng	ユニバーサルスタジオジャパン	チャレ④
换	huàn	交換する、両替する	第11課
黄色	huángsè	黄色	チャレ⑥
灰色	huīsè	灰色	チャレ⑥
回电话	huí diànhuà	折り返し電話する	第13課
回复	huífù	返信する	チャレ⑬
回锅肉	huíguōròu	ホイコーロー	チャレ⑤
回家	huí jiā	家に帰る、帰宅する	チャレ⑪
回信	huí//xìn	返信する	第14課
会	huì	（練習や訓練して）できる	第8課
会	huì	～するはずだ	第10課
会话课	huìhuàkè	会話の授業	第14課
活动	huódòng	イベント	チャレ⑭
火车	huǒchē	列車	第11課
火车站	huǒchēzhàn	列車の駅	チャレ⑦

J

机场	jīchǎng	空港	発音④
机会	jīhuì	機会、チャンス	第13課
集合	jíhé	集合する	第14課, チャレ⑬
吉他	jítā	ギター	チャレ⑧
几	jǐ	（序数、10以下の数を尋ねる）いくつ	第3課
记	jì	覚える	第12課
加	jiā	加える、追加する	チャレ⑬
家	jiā	家	第3課
～家	jiā	（商店や企業を数える）～軒	第5課
家教	jiājiào	家庭教師	第2課
家庭主妇	jiātíng zhǔfù	専業主婦	チャレ③
加拿大	Jiānádà	カナダ	チャレ①
加油	jiā//yóu	がんばる	第12課
假期	jiàqī	休暇	第14課
价值	jiàzhí	価値	第13課
肩膀	jiānbǎng	肩	チャレ⑩
减肥	jiǎn//féi	ダイエットする	第11課
简体字	jiǎntǐzì	簡体字	ガイダ
～件	jiàn	（衣類や事柄を数える）～枚、～件	第5課
见	jiàn	会う	第4課
见	jiàn	（結果補語）認識する	第7課
见面	jiàn//miàn	会う	第4課
将	jiāng	まもなく～しようとする	チャレ⑭
教	jiāo	教える	第8課
交	jiāo	手渡す	第11課
角	jiǎo	（中国の通貨単位）～角（書き言葉）	第6課
脚	jiǎo	（くるぶしからつま先までの足）	チャレ⑩
饺子	jiǎozi	餃子	第2課
叫	jiào	（名前は）～という	第1課
教师	jiàoshī	教師	チャレ③
教室	jiàoshì	教室	第3課
教学楼	jiàoxuélóu	教室棟	第14課
结账	jié//zhàng	勘定をする	チャレ⑤
姐姐	jiějie	姉	発練
斤	jīn	（重さの単位、1斤=500グラム）	チャレ⑤
今年	jīnnián	今年	第3課
金色	jīnsè	金色	チャレ⑥
今天	jīntiān	今日	第3課
近	jìn	近い	第7課
精彩	jīngcǎi	すばらしい、見事である	第8課
京都府	Jīngdūfǔ	京都府	チャレ①
经济	jīngjì	経済	ガイダ, 第2課
经济系	jīngjìxì	経済学部	チャレ②
经理	jīnglǐ	経営者、マネージャー	第1課
静冈县	Jìnggāngxiàn	静岡県	チャレ①
九	jiǔ	9	発練
久	jiǔ	久しい、長い	第12課
就	jiù	（前の文を受けて）～それなら～だ（する）	第6課
就要～了	jiùyào～le	まもなく～する	第14課
救护车	jiùhùchē	救急車	第14課
就是	jiùshì	まさにそうである	チャレ⑦
句号	jùhào	句点	第3課
卷发	juǎnfà	パーマ	チャレ⑪
觉得	juéde	感じる、思う	第13課

麻木	mámù	しびれる	チャレ⑩
麻婆豆腐	mápó dòufu	マーボー豆腐	第 5 課
马上	mǎshàng	すぐ	第 12 課
吗	ma	(諾否疑問文の文末につけて)～か	第 1 課
买	mǎi	買う	発音④, 第 4 課, チャレ②
买单	mǎi//dān	勘定をする	チャレ⑤
慢	màn	(速度が)遅い	第 10 課
忙	máng	忙しい	第 9 課
猫	māo	猫	発音③, 第 5 課
毛	máo	(中国の通貨単位)～角	第 6 課
毛衣	máoyī	セーター	第 10 課, チャレ⑥
帽子	màozi	帽子	チャレ⑥
没关系	méi guānxi	大丈夫である	すぐ使
没问题	méi wèntí	問題が無い	第 9 課
没有	méiyou	持っていない、ない	第 3 課
没有胃口	méiyou wèikǒu	食欲がない	チャレ⑩
美	měi	美しい	第 9 課
每	měi	～ごと	第 10 課
美国	Měiguó	アメリカ	第 13 課, チャレ①
每天	měi tiān	毎日	第 4 課
妹妹	mèimei	妹	第 3 課
门	mén	門、ドア	発音③, 第 11 課
门口	ménkǒu	入口	第 13 課
门票费	ménpiàofèi	入場券	チャレ⑭
米饭	mǐfàn	ご飯	チャレ⑤
勉强	miǎnqiǎng	無理がある、無理強いする	第 13 課
面条	miàntiáo	麺	チャレ⑤
苗条	miáotiao	(主に女性に対して)すらりとした	チャレ⑪
明白	míngbai	分かる	第 9 課
明年	míngnián	来年	第 5 課
明天	míngtiān	明日	第 3 課
名字	míngzi	氏名、名前	第 1 課
墨镜	mòjìng	サングラス	チャレ⑪

N

拿	ná	(手などで)持つ、つかむ	第 12 課
哪	nǎ	どれ	第 2 課
哪个	nǎge/něige	どれ	第 2 課
哪国人	nǎguórén	どこの国の人	チャレ①
哪里	nǎli	どこ	第 2 課
哪里人	nǎlirén	どこの出身の人	チャレ①
哪里哪里	nǎli nǎli	どういたしまして、とんでもない	第 12 課
哪儿	nǎr	どこ	第 2 課
哪些	nǎxiē/něixiē	どれら	第 2 課
那	nà	それ、あれ	第 2 課
那	nà	それでは、それなら	第 8 課
那个	nàge/nèige	それ、あれ	第 2 課
那里	nàli	そこ、あそこ	第 2 課
那么	nàme	そんなに	第 11 課
那儿	nàr	あそこ、そこ	第 2 課
那些	nàxiē/nèixiē	それら、あれら	第 2 課
奶奶	nǎinai	(父方)祖母	発練
奈良县	Nàiliángxiàn	奈良県	チャレ①
南	nán	南	第 7 課
南边儿	nánbianr	南	第 7 課
南面	nánmiàn	南	第 7 課
男的	nánde	男性	チャレ⑪
呢	ne	～は	第 5 課
呢	ne	～している	第 9 課
能	néng	(能力・条件があり)～できる	第 6 課
你	nǐ	あなた	第 1 課
《你的名字。》	Nǐ de míngzi.	(映画名)『君の名は。』	第 5 課
你好	nǐ hǎo	こんにちは、初めまして	すぐ使
你们	nǐmen	あなたたち	第 1 課
～年	nián	～年	第 4 課
年级	niánjí	～年生	チャレ①
年纪	niánjì	年齢	チャレ③
念	niàn	(声に出して)読む	すぐ使
鸟取县	Niǎoqǔxiàn	鳥取県	チャレ①
您	nín	あなた(敬称)	第 1 課
牛	niú	牛	発音③
牛奶	niúnǎi	牛乳	発音④
牛仔裤	niúzǎikù	ジーンズ	チャレ⑥
女的	nǚde	女性	チャレ⑪
女儿	nǚ'ér	むすめ	第 9 課
女朋友	nǚpéngyou	ガールフレンド	第 12 課
女士	nǚshì	(女性に対する敬称)～さん	第 1 課

O

哦	ò	おおっ	第 7 課
呕吐	ǒu'tù	嘔吐する	チャレ⑩

P

爬	pá	登る	発音②, チャレ④
怕	pà	恐れる	発音④
派出所	pàichūsuǒ	派出所	第 11 課
便宜	piányi	安い	チャレ⑥
～盘	pán	(皿に盛った料理の数を数える)	チャレ⑤
旁边儿	pángbiānr	そば	第 7 課
胖	pàng	太っている	チャレ⑪
跑	pǎo	走る	発音④, 第 6 課

索引

山形县	Shānxíngxiàn	山形県	チャレ①
商店	shāngdiàn	商店	第 5 課
伤心	shāng//xīn	心を痛める、悲しい	第 11 課
商学系	shāngxuéxì	商学部	チャレ②
～上	shang	（場所を表す名詞の後ろに置いて）上、表面	第 3 課
上	shàng	（動詞の後ろにつけ、動作の完成、分離しているものがぴったりくっつくことを表す）	第 11 課
上	shàng	（商品や料理を）出す	チャレ⑤
上	shàng	（結果補語、目的を達成する）	チャレ⑬
上边儿	shàngbianr	上	第 7 課
上海	Shànghǎi	上海	第 9 課
上海人	Shànghǎirén	上海出身	第 1 課
上课	shàng//kè	授業が始まる、授業を受ける	教室, 第 10 課
上面	shàngmiàn	上	第 7 課
上午	shàngwǔ	午前	発練
上衣	shàngyī	上着	チャレ⑥
少	shǎo	少ない	第 10 課
少数民族	shǎoshù mínzú	少数民族	第 9 課
社会学系	shèhuìxuéxì	社会学部	チャレ②
身份	shēnfèn	身分	チャレ⑫
什么	shénme	何、どんな	第 1 課
什么时候	shénme shíhou	いつ	第 4 課
神奈川县	Shénnàichuānxiàn	神奈川県	チャレ①
生词	shēngcí	新出単語	第 12 課
生煎包	shēngjiānbāo	焼パオツ	チャレ⑨
生气	shēng//qì	怒る	第 13 課
生日	shēngrì	誕生日	第 8 課, チャレ③
石川县	Shíchuānxiàn	石川県	チャレ①
时间	shíjiān	時間	第 4 課
什锦炒饭	shíjǐn chǎofàn	五目チャーハン	チャレ⑤
食堂	shítáng	食堂	第 3 課
十字路口	shízì lùkǒu	十字路	チャレ⑦
事	shì	こと、用事	第 4 課
事情	shìqing	こと	第 8 課
事由	shìyóu	理由	チャレ⑫
是	shì	～です	第 1 課
试	shì	試す	チャレ⑥
世界杯	shìjièbēi	ワールドカップ	第 8 課
视频	shìpín	動画	チャレ⑬
收藏	shōucáng	お気に入り	チャレ⑬
收取	shōuqǔ	受け取る	チャレ⑭
收银台	shōuyíntái	レジ	チャレ⑥
手	shǒu	手	第 5 課
手表	shǒubiǎo	腕時計	発音④, チャレ②
手机	shǒujī	携帯電話	ガイダ, 第 3 課
手机号	shǒujīhào	携帯電話の番号	第 9 課
手套	shǒutào	手袋	チャレ⑪
手提包	shǒutíbāo	手提げカバン	チャレ⑪
手续	shǒuxù	手続	チャレ⑫
手纸	shǒuzhǐ	トイレットペーパー	ガイダ
首都机场	Shǒudū jīchǎng	首都空港	第 14 課
瘦	shòu	痩せている	チャレ⑪
瘦高个儿	shòugāogèr	痩せて背が高い	チャレ⑪
书	shū	本	第 3 課, チャレ②
书包	shūbāo	カバン	チャレ②
书店	shūdiàn	書店	第 5 課, チャレ⑦
舒服	shūfu	気持ち良い	第 10 課
暑假	shǔjià	夏休み	第 4 課
刷卡	shuā kǎ	カードで払う	チャレ⑤
涮羊肉	shuàn yángròu	羊肉のしゃぶしゃぶ	チャレ⑨
～双	shuāng	（対になっているものを数える）～対の	第 5 課
双人间	shuāngrénjiān	ツインルーム	チャレ⑫
谁	shéi	だれ	第 2 課
水	shuǐ	水	第 5 課
水饺	shuǐjiǎo	水餃子	チャレ⑤
睡	shuì	寝る	第 7 課
说	shuō	話す	第 8 課
司机	sījī	運転手	チャレ③
死（了）	sǐ (le)	程度が甚だしいことを表す	第 9 課
四	sì	4	発練
寺	sì	寺	発音②
搜	sōu	検索する	チャレ⑬
搜索	sōusuǒ	検索する	チャレ⑬
宿舍	sùshè	宿舍	第 2 課
酸	suān	だるい	チャレ⑩
酸辣汤	suānlàtāng	サンラータン	チャレ⑤
虽然～但是…	suīrán～dànshì…	～ではあるが…	第 13 課
～岁	suì	～歳	第 3 課
岁数	suìshu	年齢	チャレ③

T

他	tā	彼	第 1 課
他们	tāmen	彼ら	第 1 課
她	tā	彼女	第 1 課
她们	tāmen	彼女ら	第 1 課
～台	tái	（機械を数える）～台	第 5 課
太	tài	あまりにも～	第 6 課
弹	tán	弾く	チャレ⑧
叹号	tànhào	感嘆符	第 3 課
汤	tāng	スープ	発音③, チャレ⑤
躺	tǎng	横になる	第 14 課

索引

		～さん	第12課
嫌疑人	xiányírén	容疑者	チャレ⑪
现金	xiànjīn	現金	チャレ⑤
现在	xiànzài	今、現在	教室, 第3課
香	xiāng	香りが良い、味がおいしい	第13課
香川	Xiāngchuān	香川	第3課
香川县	Xiāngchuānxiàn	香川県	チャレ①
想	xiǎng	～したい	第5課
相册	xiàngcè	アルバム	チャレ⑬
相机	xiàngjī	カメラ	第5課
香蕉	xiāngjiāo	バナナ	第6課
橡皮	xiàngpí	消しゴム	チャレ②
消息	xiāoxi	ニュース、知らせ	第8課
小	xiǎo	小さい	チャレ⑥
小	xiǎo	(1字姓の前につけて)～くん	第8課
小号	xiǎohào	Sサイズ	チャレ⑥
小笼包	xiǎolóngbāo	ショーロンポー	第9課
～小时	xiǎoshí	～時間	第7課
小说	xiǎoshuō	小説	第5課
小学	xiǎoxué	小学校	第8課
鞋	xié	靴	発音③, 第5課
写	xiě	書く	第7課
谢谢	xièxie	ありがとう	すぐ使, 第10課
新款	xīnkuǎn	新作、新型の	第6課
新潟县	Xīnxìxiàn	新潟県	チャレ①
星巴克	Xīngbākè	スターバックス	ガイダ, 第2課
星期～	xīngqī	～曜日	第3課
～星期	xīngqī	(週を数える)～週間	第7課
星期二	xīngqī'èr	火曜日	第4課
星期几	xīngqī jǐ	何曜日	第3課
星期六	xīngqīliù	土曜日	第4課
星期日	xīngqīrì	日曜日	第4課
星期三	xīngqīsān	水曜日	第3課
星期四	xīngqīsì	木曜日	第4課
星期天	xīngqītiān	日曜日	第4課
星期五	xīngqīwǔ	金曜日	第4課
星期一	xīngqīyī	月曜日	第3課
行	xíng	はい、よろしい	第9課
行李	xíngli	荷物	第12課
姓	xìng	(名字は)～という	第1課
姓名	xìngmíng	氏名	チャレ⑫
胸	xiōng	胸	チャレ⑩
兄弟姐妹	xiōngdì jiěmèi	兄弟、姉妹	発練, 第3課
熊本县	Xióngběnxiàn	熊本県	チャレ①
熊猫	xióngmāo	パンダ	発音④
休息	xiūxi	休憩する	第5課
选为	xuǎnwéi	～に選ぶ	第11課
学	xué	勉強する	第2課
学生	xuésheng	学生	発音④, 第1課
学习	xuéxí	勉強する	第2課
学校	xuéxiào	学校	発音④, 第3課
雪	xuě	雪	第10課
雪碧	Xuěbì	スプライト	第5課

Y

押金	yājīn	保証金、デポジット	チャレ⑫
鸭舌帽	yāshémào	ハンチング帽	チャレ⑪
雅虎	Yǎhǔ	Yahoo!	ガイダ
烟	yān	たばこ	第5課
颜色	yánsè	色	ガイダ, 第6課
岩手县	Yánshǒuxiàn	岩手県	チャレ①
眼镜	yǎnjìng	メガネ	チャレ⑪
眼睛	yǎnjing	目	第5課, チャレ⑩
羊肉泡馍	yángròu pàomó	羊肉と餅を煮たもの	チャレ⑨
样子	yàngzi	格好、形	チャレ⑪
腰	yāo	腰	チャレ⑩
要	yào	～したい	第5課
要	yào	欲しい	第2課
要是	yàoshi	もし～なら	第13課
药	yào	薬	第10課
钥匙	yàoshi	鍵	第11課, チャレ⑪
爷爷	yéye	(父方)祖父、おじいさん	発練
也	yě	～も	第1課
页	yè	ページ	教室
一	yī	1	発音①
一般	yìbān	一般に	発音④
(一)点儿	(yì)diǎnr	(形容詞の後に用い)少し	第6課
(一)点儿	(yì)diǎnr	少し	チャレ⑤
一定	yídìng	きっと	第8課
一共	yígòng	全部で	発音④, チャレ⑤
一会儿	yíhuìr	しばらく	第13課
一年	yì nián	一年	発音④
一起	yìqǐ	いっしょに	発音④, 第4課
一日游	yírìyóu	一日ツアー、日帰りツアー	チャレ⑭
一下	yíxià	(動詞＋"一下"で)ちょっと～する	第11課
一样	yíyàng	同じ	第6課
一直	yìzhí	まっすぐに	第11課, チャレ⑦
衣服	yīfu	服	発音④, 第5課
医生	yīshēng	医者	第10課, チャレ③
医院	yīyuàn	病院	第11課
以后	yǐhòu	以後	チャレ⑪
已经	yǐjīng	もう、すでに	第3課

Z

中文	Zhōngwén	中国語	第6課
中午	zhōngwǔ	正午	第4課
种类	zhǒnglèi	種類	チャレ⑫
周到	zhōudào	行き届いている	第12課
周末	zhōumò	週末	第12課
住	zhù	(結果補語) しっかり固定する	第12課
住	zhù	住む、宿泊する	第12課
住宿登记表	zhùsù dēngjìbiǎo	宿泊カード	チャレ⑫
专业	zhuānyè	専攻	第2課
转发	zhuǎnfā	転送する	チャレ⑬
转告	zhuǎngào	伝言する	第13課
准备	zhǔnbèi	準備する	第14課
桌子	zhuōzi	机、テーブル	第3課
滋贺县	Zīhèxiàn	滋賀県	チャレ①
字	zì	字	発音②
紫色	zǐsè	紫色	チャレ⑥
自行车	zìxíngchē	自転車	第4課
棕色	zōngsè	茶色	チャレ⑥
走	zǒu	歩く、行く	第7課
走	zǒu	(結果補語)(その場を離れる)	第11課
走路	zǒu//lù	歩く	第7課, チャレ⑪
走着	zǒuzhe	歩きで、歩いて	第7課
足球	zúqiú	サッカー	発音④, チャレ⑧
组织	zǔzhī	組織する	チャレ⑭
嘴	zuǐ	口	チャレ⑩
最	zuì	最も	第8課
昨天	zuótiān	昨日	第8課
左	zuǒ	左	第7課
左边儿	zuǒbianr	左	第7課
佐贺县	Zuǒhèxiàn	佐賀県	チャレ①
左面	zuǒmiàn	左	第7課
左手	zuǒshǒu	左手	チャレ⑩
～左右	zuǒyòu	～ぐらい、前後	第7課
坐	zuò	座る、乗る	第3課
做	zuò	する	第9課, チャレ⑧
做菜	zuò cài	料理を作る	第8課
作业	zuòyè	宿題	第9課

単語索引［日本語］

ガイダ：ガイダンス
すぐ使：すぐ使える表現
教室：教室用語
発練：発音練習
チャレ：チャレンジ

あ

い

痛い	疼	téng	第 9 課
イタリア	意大利	Yìdàlì	第 7 課, チャレ①
1	一	yī	発音①
一日ツアー	一日游	yírìyóu	チャレ⑭
一年	一年	yì nián	発音④
胃腸炎	胃肠炎	wèichángyán	チャレ⑩
いつ	什么时候	shénme shíhou	第 4 課
いっしょに	一起	yìqǐ	発音④, 第 4 課
一般に	一般	yìbān	発音④
犬	狗	gǒu	第 5 課
茨城県	茨城县	Cíchéngxiàn	チャレ①
イベント	活动	huódòng	チャレ⑭
今	现在	xiànzài	教室, 第 3 課
妹	妹妹	mèimei	教室, 第 3 課
いらっしゃいませ	欢迎光临	huānyíng guānglín	第 6 課
入口	门口	ménkǒu	第 13 課
いる	有	yǒu	発音③, 第 3 課
いる	在	zài	第 3 課
色	颜色	yánsè	ガイダ, 第 6 課
岩手県	岩手县	Yánshǒuxiàn	チャレ①
インフルエンザ	流感	liúgǎn	チャレ⑩

う

WeChat	微信	Wēixìn	第 10 課
WeChat ID	微信号	Wēixìnhào	チャレ⑬
WeChat ウォレット	微信钱包	Wēixìn qiánbāo	チャレ⑬
WeChatお年玉	微信红包	Wēixìn hóngbāo	チャレ⑬
ウーロン茶	乌龙茶	wūlóngchá	チャレ⑤
上	上边儿	shàngbianr	第 7 課
上	上面	shàngmiàn	第 7 課
(場所を表す名詞の後ろに置いて)上、表面	～上	shang	第 3 課
受け取る	收取	shōuqǔ	チャレ⑭
ウシ	牛	niú	発音③
後ろ	后	hòu	第 7 課
後ろ	后边儿	hòubianr	第 7 課
後ろ	后面	hòumiàn	第 7 課
歌	歌	gē	第 2 課
歌う	唱	chàng	第 2 課, チャレ④
歌を歌う	唱歌	chàng gē	チャレ⑧
美しい	漂亮	piàoliang	第 8 課
美しい	美	měi	第 9 課
腕	胳膊	gēbo	チャレ⑩
腕時計	手表	shǒubiǎo	発音④, チャレ②
生まれる	出生	chūshēng	第 10 課
上着	上衣	shàngyī	チャレ⑥
運賃	车费	chēfèi	チャレ⑭
運転手	司机	sījī	チャレ③
(車を)運転する	开车	kāi//chē	第 8 課
(地名)雲南	云南	Yúnnán	第 9 課

え

映画	电影	diànyǐng	第 4 課
映画館	电影院	diànyǐngyuàn	チャレ⑦
駅	车站	chēzhàn	発音④, 第 4 課
S サイズ(衣類)	小号	xiǎohào	チャレ⑥
愛媛県	爱媛县	Àiyuánxiàn	チャレ①
M サイズ(衣類)	中号	zhōnghào	チャレ⑥
L サイズ(衣類)	大号	dàhào	チャレ⑥
エレベーター	电梯	diàntī	チャレ⑫
絵を描く	画画儿	huà huàr	チャレ⑧
鉛筆	铅笔	qiānbǐ	チャレ②

お

おいしい(固形物)	好吃	hǎochī	第 6 課
嘔吐する	呕吐	ǒu'tù	チャレ⑩
多い	多	duō	第 9 課
大分県	大分县	Dàfēnxiàn	チャレ①
大型バス	大巴	dàbā	チャレ⑭
大きい	大	dà	第 6 課
大阪	大阪	Dàbǎn	第 3 課
大阪出身	大阪人	Dàbǎnrén	第 1 課
大阪府	大阪府	Dàbǎnfǔ	チャレ①
おおっ	哦	ò	第 7 課
お金	钱	qián	第 12 課, チャレ⑪
岡山県	冈山县	Gāngshānxiàn	チャレ①
悪寒がする	发冷	fālěng	チャレ⑩
沖縄県	冲绳县	Chōngshéngxiàn	チャレ①
お気に入り	收藏	shōucáng	チャレ⑬
起きる	起	qǐ	第 8 課
置き忘れる	落	là	第 11 課
置く	放	fàng	第 11 課
送る	发	fā	第 14 課, チャレ⑬
(手続きを)行う	办	bàn	チャレ⑫
怒る	生气	shēng//qì	第 13 課
おすすめ料理	特色菜	tèsècài	チャレ⑨
(父方)おじいさん	爷爷	yéye	発練

か

辛い	辣	là	第 10 課, チャレ⑤
カラオケ	卡拉OK	kǎlā OK	チャレ④
彼	他	tā	第 1 課
彼ら	他们	tāmen	第 1 課
革カバン	皮包	píbāo	チャレ⑪
革靴	皮鞋	píxié	チャレ⑥
歓迎する	欢迎	huānyíng	第 14 課
韓国	韩国	Hánguó	第 13 課, チャレ①
看護師	护士	hùshi	チャレ③
感情アイコン	表情	biǎoqíng	チャレ⑬
勘定をする	结账	jié//zhàng	チャレ⑤
勘定をする	买单	mǎidān	チャレ⑤
感じる	觉得	juéde	第 13 課
簡体字	简体字	jiǎntǐzì	ガイダ
感嘆符	叹号	tànhào	第 3 課
広東語	广东话	Guǎngdōnghuà	第 13 課
がんばる	加油	jiā//yóu	第 12 課

き

黄色	黄色	huángsè	チャレ⑥
気温	气温	qìwēn	チャレ⑨
機会	机会	jīhuì	第 13 課
気管支炎	气管炎	qìguǎnyán	チャレ⑩
聞く	听	tīng	第 7 課
北	北	běi	第 7 課
北	北边儿	běibianr	第 7 課
北	北面	běimiàn	第 7 課
ギター	吉他	jítā	チャレ⑧
帰宅する	回家	huí jiā	チャレ⑪
気づく	发现	fāxiàn	チャレ⑪
きっと	一定	yídìng	第 8 課
記入する	填	tián	チャレ⑫
記入する	填写	tiánxiě	チャレ⑫
昨日	昨天	zuótiān	第 8 課
岐阜県	岐阜县	Qífùxiàn	チャレ①
(映画名)『君の名は。』	《你的名字。》	Nǐ de míngzi.	第 5 課
気持ち良い	舒服	shūfu	第 10 課
気持ち悪い	不舒服	bù shūfu	チャレ⑩
(取っ手のあるものを数える)～脚	～把	bǎ	第 5 課
9	九	jiǔ	発練
QR コード	二维码	èrwéimǎ	チャレ⑬
休暇	假期	jiàqī	第 14 課
救急車	救护车	jiùhùchē	第 14 課
休憩する	休息	xiūxi	第 5 課
牛乳	牛奶	niúnǎi	発音④
今日	今天	jīntiān	第 3 課
教科書	课本	kèběn	第 12 課, チャレ②
餃子	饺子	jiǎozi	第 2 課
教師	教师	jiàoshī	チャレ③
教室	教室	jiàoshì	第 3 課
教室棟	教学楼	jiàoxuélóu	第 14 課
兄弟	兄弟姐妹	xiōngdì jiěmèi	発練, 第 3 課
京都府	京都府	Jīngdūfǔ	チャレ①
興味がある	感兴趣	gǎn xìngqù	第 9 課
霧	雾	wù	発音①
着る	穿	chuān	第 13 課
(見た目が)きれいだ	好看	hǎokàn	第 6 課
きれいだ	漂亮	piàoliang	第 8 課
(結果補語)きれいである	干净	gānjìng	第 7 課
キロメートル	～公里	gōnglǐ	第 6 課
金色	金色	jīnsè	チャレ⑥
銀色	银色	yínsè	チャレ⑥
銀行	银行	yínháng	第 2 課
金曜日	星期五	xīngqīwǔ	第 4 課

く

空港	机场	jīchǎng	発音④
空心菜の炒め物	炒空心菜	chǎo kōngxīncài	チャレ⑤
クエスチョンマーク	问号	wènhào	第 3 課
くしゃみをする	打喷嚏	dǎ pēntì	チャレ⑩
薬	药	yào	第 10 課
口	嘴	zuǐ	チャレ⑩
靴	鞋	xié	第 5 課
句点	句号	jùhào	第 3 課
句読点	顿号	dùnhào	第 3 課
首	脖子	bózi	チャレ⑩
熊本県	熊本县	Xióngběnxiàn	チャレ①
～ぐらい	～左右	zuǒyòu	第 7 課
クラス	班	bān	第 8 課
クラスメート	同学	tóngxué	第 9 課
クラスメートたち	同学们	tóngxuémen	教室
来る	来	lái	第 4 課

け

こ

索引

こんにちは	你好	nǐ hǎo	すぐ使
コンビニ	便利店	biànlìdiàn	チャレ⑦
(地名)昆明	昆明	Kūnmíng	第9課

さ

サービスする	服务	fúwù	第12課
～歳	～岁	suì	第3課
埼玉県	埼玉县	Qíyùxiàn	チャレ①
財布	钱包	qiánbāo	第7課，チャレ②
サインする	签名	qiān//míng	チャレ⑫
差がある	差	chà	第4課
佐賀県	佐贺县	Zuǒhèxiàn	チャレ①
探す	找	zhǎo	第7課
魚	鱼	yú	発音①，第5課
(被使役者を導き)～にVさせる	[让～V]	ràng	第12課
(本を数える)～冊	～本	běn	第3課
サッカー	足球	zúqiú	発音④，チャレ⑧
さっき	刚才	gāngcái	第8課
雑誌	杂志	zázhì	第5課
雑談する	聊天	liáo//tiān	チャレ⑬
寒い	冷	lěng	第6課
さようなら	拜拜	báibái	すぐ使
さようなら	再见	zàijiàn	すぐ使
さらに	更	gèng	第6課
さらに	还	hái	第7課
3	三	sān	発練
(女性に対する敬称)～さん	女士	nǚshì	第1課
(男性に対する敬称)～さん	先生	xiānsheng	第12課
参加する	参加	cānjiā	第12課
参観する	参观	cānguān	チャレ⑭
サングラス	墨镜	mòjìng	チャレ⑪
『三国志演義』	《三国演义》	Sānguó yǎnyì	第9課
散歩する	散步	sàn//bù	第4課
サンラータン	酸辣汤	suānlàtāng	チャレ⑤

し

字	字	zì	発音②
試合	比赛	bǐsài	第8課
ジーンズ	牛仔裤	niúzǎikù	チャレ⑥
滋賀県	滋贺县	Zīhèxiàn	チャレ①
しかし	不过	búguò	第9課
しかし	但是	dànshì	第6課
叱る	批评	pīpíng	第11課
～時間	～小时	xiǎoshí	第7課
時間	时间	shíjiān	第4課
仕事	工作	gōngzuò	ガイダ，第4課
静岡県	静冈县	Jìnggāngxiàn	チャレ①
(完了)～した	了	le	第8課
下	下	xià	第7課
下	下边儿	xiàbianr	第7課
下	下面	xiàmiàn	第7課
～したい	要	yào	第5課
～したい	想	xiǎng	第5課
～したことがある	过	guo	第9課
七三分け	三七分头	sān qī fēntóu	チャレ⑪
実家	老家	lǎojiā	第3課
(結果補語)しっかり固定する	住	zhù	第12課
知っている	知道	zhīdao	第13課
質問	问题	wèntí	第9課
～している	在	zài	第9課
～している	呢	ne	第9課
(動詞＋“着”の形で)～している	着	zhe	第14課
辞典	词典	cídiǎn	第2課，チャレ②
自転車	自行车	zìxíngchē	第4課
(動詞$_1$＋“着”＋動詞$_2$の形で)～しながら…	着	zhe	第14課
～しなくてよい	不用	búyòng	第11課
～しなければならない	得	děi	第11課
支払う	付钱	fù qián	チャレ⑥
支払う	支付	zhīfù	チャレ⑬
しばらく	一会儿	yíhuìr	第13課
しびれる	麻木	mámù	チャレ⑩
姉妹	兄弟姐妹	xiōngdì jiěmèi	発練，第3課
島根県	岛根县	Dǎogēnxiàn	チャレ①
事務室	办公室	bàngōngshì	第14課
氏名	名字	míngzi	第1課
氏名	姓名	xìngmíng	チャレ⑫
閉める	关	guān	第11課
ジャージャン麺	炸酱面	zhájiàngmiàn	チャレ⑨

す

索引

ストレートヘア	直发	zhífà	チャレ⑪
スニーカー	运动鞋	yùndòngxié	チャレ⑥
すばらしい	棒	bàng	教室
すばらしい	精彩	jīngcǎi	第 8 課
スプライト	雪碧	Xuěbì	第 5 課
～すべきだ	得	děi	第 11 課
～するはずだ	会	huì	第 10 課
スポーツ	运动	yùndòng	第 13 課
スポーツ刈り	寸头	cùntóu	チャレ⑪
スポーツをする	运动	yùndòng	第 13 課
ズボン	裤子	kùzi	第 5 課
スマートフォン	智能手机	zhìnéng shǒujī	第 13 課
すみません	对不起	duìbuqǐ	すぐ使, チャレ④
住む	住	zhù	第 12 課
(主に女性に対して)すらりとした			
	苗条	miáotiao	チャレ⑪
(球技などを)する			
	打	dǎ	第 8 課
(“干什么”の形式で使う)する			
	干	gàn	第 9 課
する	做	zuò	第 9 課, チャレ⑧
～するつもりだ	打算	dǎsuàn	第 5 課
～するな	别	bié	第 13 課
座る	坐	zuò	第 3 課

せ

(地名)西安	西安	Xī'ān	チャレ⑨
(結果補語)清潔である			
	干净	gānjìng	第 7 課
セーター	毛衣	máoyī	第 10 課, チャレ⑥
咳	咳嗽	késou	チャレ⑩
背中	后背	hòubèi	チャレ⑩
ゼロ	零	líng	第 4 課
千	千	qiān	第 6 課
専業主婦	家庭主妇	jiātíng zhǔfù	チャレ③
前後	～左右	zuǒyòu	第 7 課
専攻	专业	zhuānyè	第 2 課
前菜	凉菜	liángcài	チャレ⑤
(店名)全聚徳	全聚德	Quánjùdé	チャレ⑭
先生	老师	lǎoshī	第 1 課
全部で	一共	yígòng	発音④, チャレ⑤
前方	前面	qiánmiàn	チャレ⑥
(地名)前門	前门	Qiánmén	チャレ⑭
(地名)前門大通り	前门大街	Qiánmén dàjiē	チャレ⑭

そ

送信する	发	fā	第 14 課
そうである	对	duì	第 1 課
そこ	这里	zhèli	第 2 課
そこ	那里	nàli	第 2 課
そこ	那儿	nàr	第 2 課
組織する	组织	zǔzhī	チャレ⑭
育つ	长	zhǎng	第 8 課
外	外	wài	第 7 課
外	外边儿	wàibianr	第 7 課
外	外面	wàimiàn	第 7 課
(結果補語)(その場を離れる)			
	走	zǒu	第 11 課
そば	旁边儿	pángbiānr	第 7 課
(父方)祖父	爷爷	yéye	発練
(母方)祖父	姥爷	lǎoye	発練
ソファー	沙发	shāfā	第 14 課
(父方)祖母	奶奶	nǎinai	発練
(母方)祖母	姥姥	lǎolao	発練
それ	那	nà	第 2 課
それ	那个	nàge/nèige	第 2 課
それでは	那	nà	第 8 課
それとも	还是	háishi	第 5 課
それなら	那	nà	第 8 課
(前の文を受けて)～それなら～だ(する)			
	就	jiù	第 6 課
それら	那些	nàxiē/nèixiē	第 2 課
そんなに	那么	nàme	第 11 課

た

(機械を数える)～台			
	～台	tái	第 5 課
(車を数える)～台			
	～辆	liàng	第 5 課
ダイエットする	减肥	jiǎn//féi	第 11 課
体温	体温	tǐwēn	チャレ⑩
大学	大学	dàxué	第 2 課
大学生	大学生	dàxuéshēng	第 2 課, チャレ①
大雁塔	大雁塔	Dàyàntǎ	チャレ⑨
滞在する	停留	tíngliú	チャレ⑫
大丈夫	不要紧	bú yàojǐn	第 10 課
大丈夫である	没关系	méi guānxi	すぐ使
代表	代表	dàibiǎo	第 11 課
タイムライン	朋友圈	péngyouquān	チャレ⑬

ち

つ

索引

て

手	手	shǒu	第 5 課
～で（場所）	在	zài	第 4 課
～で（手段）	用	yòng	第 9 課
T シャツ	T 恤衫	T xùshān	第 8 課，チャレ⑥
テイクアウトする	打包	dǎ//bāo	チャレ⑤
ディズニー	迪士尼	Díshìní	ガイダ
ディズニーランド	迪士尼乐园	Díshìní lèyuán	チャレ④
程度が甚だしいことを表す	～死（了）	sǐ (le)	第 9 課
テーブル	桌子	zhuōzi	第 3 課
テキスト	课本	kèběn	第 12 課，チャレ②
～できない	V不了	bu liǎo	第 12 課
（練習や訓練して）～できる	会	huì	第 8 課
（許可されて）～できる	可以	kěyǐ	第 6 課
（能力・条件があり）～できる	能	néng	第 6 課
手提げカバン	手提包	shǒutíbāo	チャレ⑪
手提げカバン	提包	tíbāo	第 11 課
～です	是	shì	第 1 課
手伝う	帮	bāng	第 11 課
手伝う	帮忙	bāng//máng	発音④
手続	手续	shǒuxù	チャレ⑫
テニス	网球	wǎngqiú	チャレ⑧
～ではあるが…	虽然～但是…	suīrán～dànshì…	第 13 課
（動詞や形容詞の前につけて否定を表す）～ではない	不	bù	第 1 課
手袋	手套	shǒutào	チャレ⑪
デポジット	押金	yājīn	チャレ⑫
寺	寺	sì	発音②
テレビ	电视	diànshì	発音④，第 9 課
手渡す	交	jiāo	第 11 課
店員	店员	diànyuán	第 6 課
店員	服务员	fúwùyuán	第 12 課，チャレ⑤
天気	天气	tiānqì	第 10 課，チャレ⑨
点呼する	点名	diǎn//míng	教室
伝言する	转告	zhuǎngào	第 13 課
電子辞書	电子词典	diànzǐ cídiǎn	第 4 課
電車	电车	diànchē	第 4 課
点心	点心	diǎnxin	チャレ⑤
転送する	转发	zhuǎnfā	チャレ⑬
天壇	天坛	Tiāntán	チャレ⑨
電話	电话	diànhuà	第 13 課
電話をかける	打电话	dǎ diànhuà	第 6 課

と

～と	跟	gēn	第 6 課
～と	和	hé	第 3 課
～度	度	dù	第 6 課
ドア	门	mén	第 11 課
（名字は）～という	姓	xìng	第 1 課
（名前は）～という	叫	jiào	第 1 課
トイレ	厕所	cèsuǒ	発音④
トイレットペーパー	手纸	shǒuzhǐ	ガイダ
どう	怎么样	zěnmeyàng	第 4 課
どういたしまして	不客气	bú kèqi	すぐ使
どういたしまして	哪里哪里	nǎli nǎli	第 12 課
動画	视频	shìpín	チャレ⑬
東京出身	东京人	Dōngjīngrén	第 1 課
東京都	东京都	Dōngjīngdū	チャレ①
東西大学	东西大学	Dōngxī Dàxué	第 2 課
どうして	为什么	wèi shénme	第 12 課
当然である	当然	dāngrán	第 8 課
どうぞ～してください	请	qǐng	教室，第 3 課
到着する	抵达	dǐdá	チャレ⑫
到着する	到	dào	第 7 課
読点	逗号	dòuhào	第 3 課
東方明珠（テレビ塔）	东方明珠	Dōngfāng míngzhū	チャレ⑨
遠い	远	yuǎn	第 7 課
徳島県	德岛县	Dédǎoxiàn	チャレ①
読書する	读书	dú//shū	第 9 課
特徴	特点	tèdiǎn	チャレ⑪
特に	特别	tèbié	第 9 課
どこ	哪里	nǎli	第 2 課
どこ	哪儿	nǎr	第 2 課
どこの国の人	哪国人	nǎguórén	チャレ①
どこの出身の人	哪里人	nǎlirén	チャレ①
ところ	地方	dìfang	チャレ⑨
年上である	大	dà	第 6 課

な

に

索引

（セットになったものの数を数える）～人分の	～份	fèn	チャレ⑤

ぬ

盗む	偷	tōu	第 11 課

ね

ネクタイ	领带	lǐngdài	チャレ⑪
猫	猫	māo	第 5 課
熱がある	发烧	fā//shāo	チャレ⑩
熱が出る	发烧	fā//shāo	チャレ⑩
熱射病	中暑	zhòngshǔ	チャレ⑩
ネット	网上	wǎng shang	第 10 課
眠い	困	kùn	第 10 課
寝る	睡	shuì	第 7 課
～年	～年	nián	第 4 課
～年生	～年级	niánjí	チャレ①
年齢	年纪	niánjì	チャレ③
年齢	岁数	suìshu	チャレ③

の

～の	的	de	第 2 課
ノート	本子	běnzi	チャレ②
～のために	给～	gěi	第 9 課
～のために	为了	wèile	チャレ⑭
のど	嗓子	sǎngzi	チャレ⑩
喉が渇く	渴	kě	第 12 課
～のはずだ、～すべきである	应该	yīnggāi	第 12 課
～のほうに	往～	wǎng	第 7 課
登る	爬	pá	第 9 課，チャレ④
飲み物	饮料	yǐnliào	第 5 課
飲む	喝	hē	第 2 課
（自転車やバイクに）乗る	骑	qí	第 4 課
乗る	乘坐	chéngzuò	チャレ⑭
乗る	坐	zuò	第 3 課

は

～は	呢	ne	第 5 課
パーティ	晚会	wǎnhuì	第 14 課
パーマ	卷发	juǎnfà	チャレ⑪
（コップに入っているものを数える）～杯	～杯	bēi	第 5 課
（点呼に答えて）はい	到	dào	教室
はい	行	xíng	第 9 課
灰色	灰色	huīsè	チャレ⑥
配偶者	爱人	àiren	ガイダ
測る	量	liáng	チャレ⑩
吐き気	恶心	ě'xin	チャレ⑩
初めまして	你好	nǐ hǎo	すぐ使
始める	开始	kāishǐ	教室，第 8 課
派出所	派出所	pàichūsuǒ	第 11 課
場所	地点	dìdiǎn	チャレ⑭
場所	地方	dìfang	チャレ⑨
走る	跑	pǎo	発音④，第 6 課
バス	公交车	gōngjiāochē	チャレ⑪
バスケットボール	篮球	lánqiú	チャレ⑧
バス停	车站	chēzhàn	発音④，第 4 課
パスポート	护照	hùzhào	第 11 課
パソコン	电脑	diànnǎo	ガイダ，第 5 課
働く	工作	gōngzuò	ガイダ，第 4 課
8	八	bā	発練
（結果補語）はっきりする	清楚	qīngchu	第 7 課
発見する	发现	fāxiàn	チャレ⑪
発生する	发生	fāshēng	第 14 課
鼻	鼻子	bízi	チャレ⑩
話	话	huà	第 12 課
話す	说	shuō	第 8 課
バナナ	香蕉	xiāngjiāo	第 6 課
鼻水が出る	流鼻涕	liú bítì	チャレ⑩
母	妈妈	māma	発練，第 2 課
（時間が）早い	早	zǎo	第 8 課
（速度が）速い	快	kuài	第 8 課
貼る	贴	tiē	第 14 課
（時間の単位）半	半	bàn	第 4 課
番号	号码	hàomǎ	第 13 課
パンダ	熊猫	xióngmāo	発音④
繁体字	繁体字	fántǐzì	ガイダ
ハンチング帽	鸭舌帽	yāshémào	チャレ⑪
半年	半年	bàn nián	第 8 課
販売員	推销员	tuīxiāoyuán	第 2 課
バンバンジー	棒棒鸡	bàngbàngjī	チャレ⑤
万里の長城	长城	Chángchéng	第 13 課，チャレ⑨

へ

兵馬俑	兵马俑	Bīngmǎyǒng	チャレ⑨
ページ	页	yè	教室
北京	北京	Běijīng	第 3 課
北京出身	北京人	Běijīngrén	第 1 課
北京大学	北京大学	Běijīng Dàxué	第 2 課
北京ダック	北京烤鸭	Běijīng kǎoyā	第 9 課, チャレ⑤
部屋	房间	fángjiān	第 11 課
ベルト	皮带	pídài	チャレ⑥
ペン	笔	bǐ	第 5 課
勉強する	读书	dú//shū	第 9 課
勉強する	学	xué	第 2 課
勉強する	学习	xuéxí	第 2 課
弁護士	律师	lǜshī	チャレ③
返信する	回信	huí//xìn	第 14 課
返信する	回复	huífù	チャレ⑬

ほ

ホイコーロー	回锅肉	huíguōròu	チャレ⑤
法学部	法律系	fǎlǜxì	チャレ②
帽子	帽子	màozi	チャレ⑥
法律	法律	fǎlǜ	ガイダ, 第 2 課
ボールペン	圆珠笔	yuánzhūbǐ	チャレ②
ほかの	别的	biéde	チャレ⑥
ポケット	口袋	kǒudai	第 11 課
欲しい	要	yào	第 2 課
保証金	押金	yājīn	チャレ⑫
北海道	北海道	Běihǎidào	チャレ①
ホテル	宾馆	bīnguǎn	第 11 課
ホテル	饭店	fàndiàn	チャレ⑦
ホテルのカードキー	房卡	fángkǎ	チャレ⑪
ほめ過ぎである	过奖	guòjiǎng	チャレ⑧
ほめる	表扬	biǎoyáng	第 11 課
(缶に入ったものを数える)～本	～罐	guàn	チャレ⑤
(取っ手のあるものを数える)～本	～把	bǎ	第 5 課
(長細いものを数える)～本	～条	tiáo	第 5 課
(瓶に入っているものを数える)～本	瓶	píng	第 5 課
(棒状のものを数える)～本	～枝	zhī	第 5 課
本	书	shū	第 3 課, チャレ②
本当に	真	zhēn	教室, 第 8 課
本当に	真的	zhēnde	第 8 課
本を読む	看书	kàn shū	チャレ⑧

ま

マーボー豆腐	麻婆豆腐	mápó dòufu	第 5 課
まあまあ	还可以	hái kěyǐ	教室
(平面の物を数える)～枚	～张	zhāng	第 5 課
(衣類や事柄を数える)～枚	～件	jiàn	第 5 課
毎日	每天	měi tiān	第 4 課
前	前面	qiánmiàn	チャレ⑥
前	前	qián	第 7 課
前	前边儿	qiánbianr	第 7 課
曲がる	拐	guǎi	第 7 課
正に	正	zhèng	第 9 課
まさにそうである	就是	jiùshì	チャレ⑦
マスク	口罩	kǒuzhào	チャレ⑪
また	再	zài	第 5 課
まだ	还	hái	第 7 課
待つ	等	děng	第 12 課
まっすぐに	一直	yìzhí	第 11 課, チャレ⑦
～まで	离～	lí	第 7 課
～まで(着点)	到～	dào	第 7 課
窓	窗户	chuānghu	第 7 課
マネージャー	经理	jīnglǐ	第 1 課
マフラー	围巾	wéijīn	チャレ⑥
まもなく～しようとする	将	jiāng	チャレ⑭
まもなく～する	快～了	kuài～le	第 14 課
まもなく～する	就要～了	jiùyào～le	第 14 課
万	万	wàn	第 6 課
マンション	公寓	gōngyù	チャレ⑬

み

三重県	三重县	Sānchóngxiàn	チャレ①
右	右	yòu	第 7 課
右	右边儿	yòubianr	第 7 課
右	右面	yòumiàn	第 7 課
右手	右手	yòushǒu	チャレ⑩
見事である	精彩	jīngcǎi	第 8 課

む

め

も

や

ゆ

よ

用事	事	shì	第 4 課
～曜日	星期～	xīngqī	第 3 課
よこす	来	lái	第 5 課
横になる	躺	tǎng	第 14 課
予定	打算	dǎsuan	第 14 課
予報	预报	yùbào	第 10 課
(声に出して)読む			
	念	niàn	教室
予約する	预订	yùdìng	チャレ⑫
～より	比	bǐ	第 6 課
夜	晚上	wǎnshang	すぐ使, 第 10 課
よろしい	好	hǎo	第 4 課
よろしい	行	xíng	第 9 課
4	四	sì	発練

ら

来年	明年	míngnián	第 5 課

り

理由	事由	shìyóu	チャレ⑫
留学生	留学生	liúxuéshēng	第 1 課
流暢である	流利	liúlì	第 13 課
リュック	背包	bēibāo	チャレ⑪
了解	好	hǎo	第 4 課
料理	菜	cài	第 8 課, チャレ⑤
料理を作る	做菜	zuò cài	第 8 課
旅行ガイド	导游	dǎoyóu	チャレ③
旅行ガイド	旅游攻略	lǚyóu gōnglüè	第 9 課
観光スポット	旅游景点	lǚyóu jǐngdiǎn	チャレ⑨
旅行する	旅游	lǚyóu	発音④, チャレ⑧
りんご	苹果	píngguǒ	第 2 課

れ

冷蔵庫	冰箱	bīngxiāng	第 7 課
歴史	历史	lìshǐ	ガイダ
レジ	收银台	shōuyíntái	チャレ⑥
レストラン	餐厅	cāntīng	第 7 課, チャレ⑪
列車	火车	huǒchē	第 11 課
列車の駅	火车站	huǒchēzhàn	チャレ⑦
レポート	报告	bàogào	第 7 課
連絡先	联系人	liánxìrén	チャレ⑭
連絡する	联系	liánxì	第 9 課
連絡方法	联系方式	liánxì fāngshì	チャレ⑭

ろ

6	六	liù	発練
路線	路线	lùxiàn	チャレ⑭

わ

わあ	哇	wa	第 9 課
ワー	哇	wa	第 9 課
ワールドカップ	世界杯	shìjièbēi	第 8 課
(地名)外灘	外滩	Wàitān	チャレ⑨
和歌山県	和歌山县	Hégēshānxiàn	チャレ①
わかりました	好的	hǎode	第 4 課
(結果補語)分かる			
	懂	dǒng	第 7 課
分かる	明白	míngbai	第 9 課
忘れる	忘	wàng	第 11 課
私	我	wǒ	発音③, 第 1 課
私たち	我们	wǒmen	第 1 課
私たち（相手を含む）			
	咱们	zánmen	第 1 課
割引する	打折	dǎ//zhé	第 6 課
(碗を単位として数える)～碗			
	～碗	wǎn	チャレ⑤
ワンピース	连衣裙	liányīqún	チャレ⑥

を

～を	把	bǎ	第 11 課
～を加えて	连	lián	チャレ⑫

NOTE

付録 世界地図

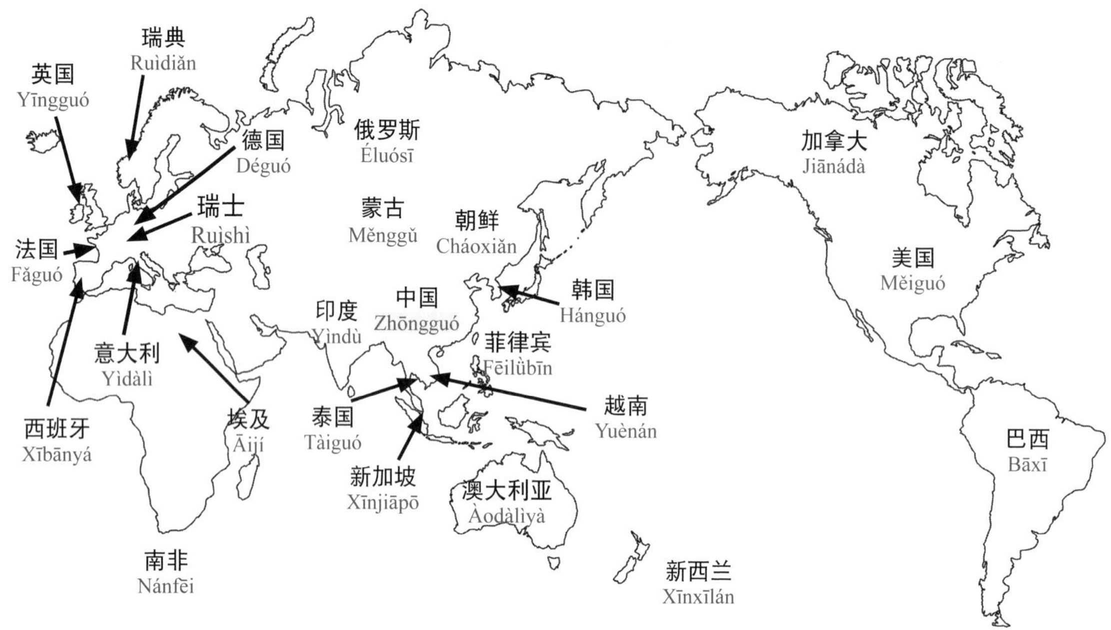

美国 Měiguó （アメリカ）

英国 Yīngguó （イギリス）

意大利 Yìdàlì （イタリア）

印度 Yìndù （インド）

埃及 Āijí （エジプト）

澳大利亚 Àodàlìyà （オーストラリア）

加拿大 Jiānádà （カナダ）

韩国 Hánguó （韓国）

朝鲜 Cháoxiǎn （北朝鮮）

新加坡 Xīnjiāpō （シンガポール）

瑞士 Ruìshì （スイス）

瑞典 Ruìdiǎn （スウェーデン）

西班牙 Xībānyá （スペイン）

泰国 Tàiguó （タイ）

中国 Zhōngguó （中国）

德国 Déguó （ドイツ）

新西兰 Xīnxīlán （ニュージーランド）

菲律宾 Fēilǜbīn （フィリピン）

巴西 Bāxī （ブラジル）

法国 Fǎguó （フランス）

越南 Yuènán （ベトナム）

南非 Nánfēi （南アフリカ）

蒙古 Měnggǔ （モンゴル）

俄罗斯 Éluósī （ロシア）

付録　中国地図（省と周辺国）

俄罗斯
Èluósī
黑龙江
Hēilóngjiāng
蒙古
Měnggǔ
吉林
Jílín
北京
Běijīng
新疆
Xīnjiāng
辽宁
Liáoníng
甘肃
Gānsù
内蒙古
Nèiměnggǔ
朝鲜
Cháoxiǎn
天津
Tiānjīn
日本
Rìběn
河北
Héběi
青海
Qīnghǎi
宁夏
Níngxià
山西
Shānxī
韩国
Hánguó
山东
Shāndōng
西藏
Xīzàng
陕西
Shǎnxī
河南
Hénán
江苏
Jiāngsū
尼泊尔
Níbó'ěr
安徽
Ānhuī
上海
Shànghǎi
四川
Sìchuān
湖北
Húběi
重庆
Chóngqìng
浙江
Zhèjiāng
不丹
Bùdān
湖南
Húnán
江西
Jiāngxī
印度
Yìndù
贵州
Guìzhōu
福建
Fújiàn
孟加拉国
Mèngjiālāguó
云南
Yúnnán
缅甸
Miǎndiàn
广西
Guǎngxī
广东
Guǎngdōng
台湾
Táiwān
越南
Yuènán
香港
Xiānggǎng
澳门
Àomén
泰国
Tàiguó
老挝
Lǎowō
海南
Hǎinán

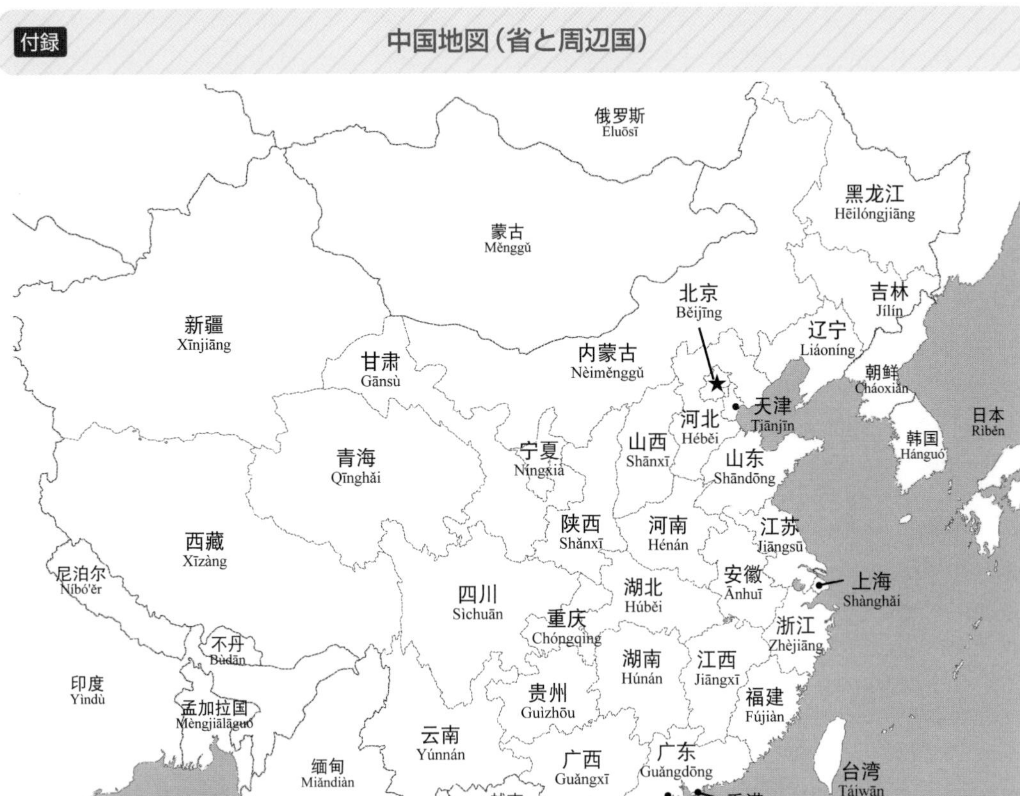

付録　中国地図（都市・観光地）

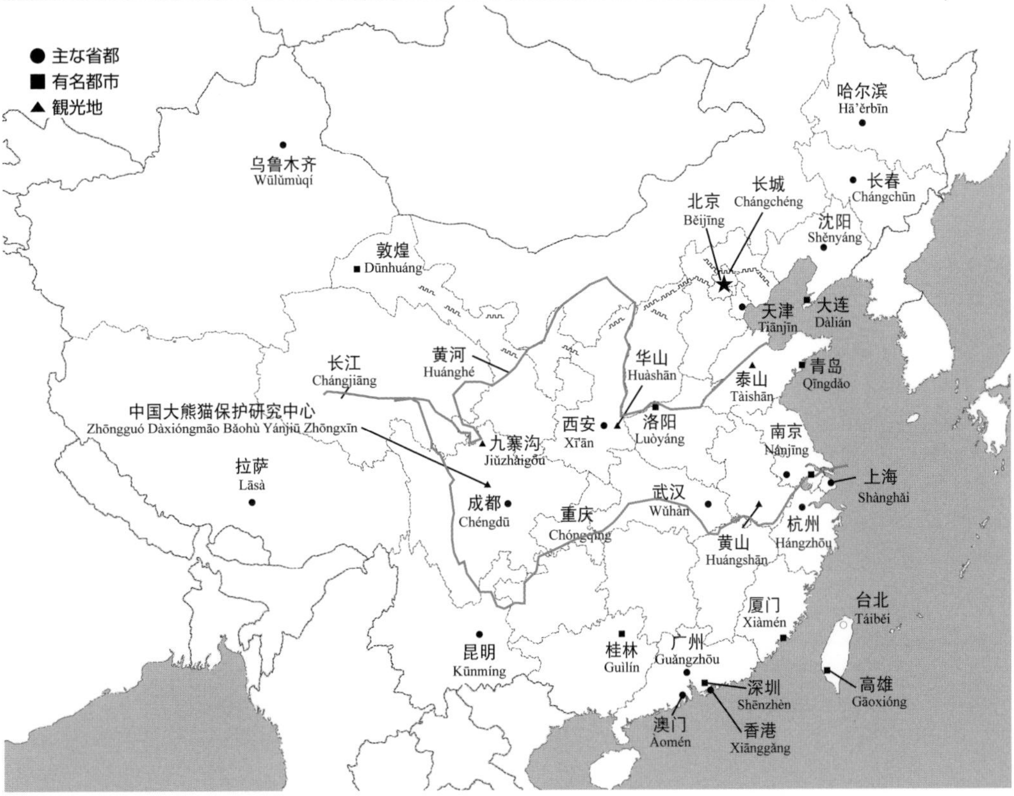
● 主な省都
■ 有名都市
▲ 観光地
哈尔滨
Hā'ěrbīn
乌鲁木齐
Wūlǔmùqí
长城
Chángchéng
长春
Chángchūn
北京
Běijīng
沈阳
Shěnyáng
敦煌
Dūnhuáng
天津
Tiānjīn
大连
Dàlián
长江
Chángjiāng
黄河
Huánghé
华山
Huàshān
泰山
Tàishān
青岛
Qīngdǎo
中国大熊猫保护研究中心
Zhōngguó Dàxióngmāo Bǎohù Yánjiū Zhōngxīn
西安
Xī'ān
洛阳
Luòyáng
九寨沟
Jiǔzhàigōu
南京
Nánjīng
拉萨
Lāsà
上海
Shànghǎi
成都
Chéngdū
重庆
Chóngqìng
武汉
Wǔhàn
杭州
Hángzhōu
黄山
Huángshān
厦门
Xiàmén
台北
Táiběi
昆明
Kūnmíng
桂林
Guìlín
广州
Guǎngzhōu
高雄
Gāoxióng
深圳
Shēnzhèn
澳门
Àomén
香港
Xiānggǎng

監修
沈　　国威　（関西大学外国語学部教授）

著者
氷野　善寛　（目白大学中国語学科准教授）
小嶋美由紀　（関西大学外国語学部教授）
海　　暁芳　（北京市建華実験学校中学教師）
紅粉　芳恵　（大阪産業大学国際学部教授）
阿部慎太郎　（近畿大学法学部講師）

本文デザイン　小熊未央
本文イラスト　大塚犬・メディアート
ナレーション　凌慶成・姜海寧
表紙デザイン　小熊未央

ライト版　中国語でコミュニケーション

検印省略

© 2022年1月31日　初　版　発行
2024年3月　1日　第2刷　発行

監　修　沈　　国威
著　者　氷野　善寛
小嶋美由紀
海　　暁芳
紅粉　芳恵
阿部慎太郎

発行者　原　雅　久
発行所　株式会社　朝日出版社
〒101-0065　東京都千代田区西神田 3-3-5
電話（03）3239-0271・72（直通）
振替口座　東京　00140-2-46008
組版・欧友社／印刷・図書印刷
http://www.asahipress.com

ISBN978-4-255-45355-2　C1087

黒龙江
松花江
哈尔滨
长春
吉林
内蒙古自治区
沈阳
辽宁
北京市
朝鲜
呼和浩特
恒山
渤海
天津市
河北
韩国
银川
太原
石家庄
山西
济南
泰山
黄海
山东
日本
陕西
嵩山
郑州
西安
华山
河南
江苏
合肥
南京
太湖
上海市
安徽
湖北
武汉
黄山
杭州
庐山
浙江
重庆市
东海
南昌
长沙
江西
湖南
贵州
衡山
福建
福州
贵阳
台北
北回帰線
台湾海峡
台湾
广西壮族自治区
广东
南宁
广州
澳门
香港
越南
海口
南海
海南
0
400
800km
50°
45°
40°
135°
35°
30°
25°
130°
20°
110°
115°
120°
125°